KÖNIGS ERLÄUTERUNGEN

Band 314

Textanalyse und Interpretation zu

E. T. A. Hoffmann

DAS FRÄULEIN VON SCUDERI

Horst Grobe

Alle erforderlichen Infos für Abitur, Matura, Klausur und Referat
plus Musteraufgaben mit Lösungsansätzen

Zitierte Ausgaben:
Hoffmann, E. T. A.: *Das Fräulein von Scuderi. Erzählung aus dem Zeitalter Ludwig des Vierzehnten.* Husum/Nordsee: Hamburger Lesehefte Verlag, 2011 (= Hamburger Leseheft Nr. 57, Heftbearbeitung F. Bruckner und K. Sternelle). Zitatverweise sind mit **HL** gekennzeichnet.
Hoffmann, E. T. A. *Das Fräulein von Scuderi. Erzählung aus dem Zeitalter Ludwig des Vierzehnten.* Stuttgart: Reclam, 2002 (Reclams Universal-Bibliothek Nr. 25). Zitatverweise sind mit **R** gekennzeichnet.

Über den Autor dieser Erläuterung:
Dr. phil. Horst Grobe, Jahrgang 1944, studierte deutsche und englische Philologie, Philosophie und allgemeine Sprachwissenschaften. Er war Fremdsprachenassistent in Großbritannien und ist seit 1969 im gymnasialen Schuldienst in Nordrhein-Westfalen in verschiedenen Funktionen tätig.

4. Auflage 2018
ISBN: 978-3-8044-1934-6
PDF: 978-3-8044-5934-2, EPUB: 978-3-8044-6934-1
© 2012 by Bange Verlag GmbH, 96142 Hollfeld
Alle Rechte vorbehalten!
Titelbild: Szene aus *Cardillac*, Nationaltheater München 1965
© ullstein bild – Keystone
Druck und Weiterverarbeitung: Tiskárna Akcent, Vimperk

INHALT

1. DAS WICHTIGSTE AUF EINEN BLICK – SCHNELLÜBERSICHT 6

2. E. T. A. HOFFMANN: LEBEN UND WERK 10

2.1 Biografie — 10
2.2 Zeitgeschichtlicher Hintergrund — 14
  Hoffmanns juristische Laufbahn — 14
  Reformen in Preußen — 16
2.3 Angaben und Erläuterungen zu wesentlichen Werken — 20
  Romantik: Kunst, Natur, Ich — 20
  Hoffmanns Lebensmodi — 22

3. TEXTANALYSE UND -INTERPRETATION 26

3.1 Entstehung und Quellen — 26
3.2 Inhaltsangabe — 31
3.3 Aufbau — 39
  Dreiteiliger Aufbau — 40
  Zusammenhang der drei Teile — 40
  Handlungsstränge — 42
3.4 Personenkonstellation und Charakteristiken — 45
  Charakteristiken der Hauptfiguren — 46
    Magdaleine von Scuderi — 47
    René Cardillac — 50
    Olivier Brusson — 54
    Madelon — 56

Desgrais	57
La Regnie	58
Personenkonstellationen	60
Scuderi und Cardillac	60
Das Gute und das Böse	61
Scuderi, Madelon – Maintenon, la Valliere	62
D'Andilly, Desgrais, la Regnie	63
3.5 Sachliche und sprachliche Erläuterungen	64
3.6 Stil und Sprache	70
Erzählweise	70
Wortwahl und Motive	75
Verbrechen	76
Gut und Böse	77
Geheimnis	78
Licht und Dunkel, Auge und Ohr	78
Bewegung	79
Religion	80
Superlative	80
Rhetorische Mittel	83
3.7 Interpretationsansätze	89
Künstler und Kunst	89
Kriminalgeschichte	91
Recht	95

4. REZEPTIONSGESCHICHTE   99

5. MATERIALIEN   103

Aufbau — 103
Stil und Sprache — 109
Interpretationszugänge — 112
Rezeption — 114

6. PRÜFUNGSAUFGABEN MIT MUSTERLÖSUNGEN   116

LITERATUR   125

STICHWORTVERZEICHNIS   128

1. DAS WICHTIGSTE AUF EINEN BLICK – SCHNELLÜBERSICHT

Damit sich der Leser in diesem Band schnell zurechtfindet und das für ihn Interessante gleich entdeckt, folgt hier eine kurze Übersicht.

⇨ S. 10 ff.   Im zweiten Kapitel wird die Biografie E. T. A. Hoffmanns dargestellt und in den zeitgenössischen Kontext gestellt.

- → Hoffmann war als Jurist auf den preußischen Staat als Arbeitgeber angewiesen. Das Dienstverhältnis war durch Maßnahmen wie Zensur, Strafversetzung usw. belastet; dennoch blieb er in seinem Denken und Handeln unabhängig. Nach dem Zusammenbruch des Staates im Jahr 1806 war er lange Zeit arbeitslos.
- → Als Jurist und Künstler ist E. T. A. Hoffmann eine Mehrfachbegabung: Er komponiert, dichtet und malt. Das Theater ermöglicht ihm, seine Fähigkeiten einzusetzen. Zeitweise kann er durch Tätigkeit am Theater, durch Musikunterricht und durch Karikaturen seinen Lebensunterhalt bestreiten.

⇨ S. 26 ff.   Im dritten Kapitel geht es um eine Textanalyse und -interpretation.

Das Fräulein von Scuderi – Entstehung und Quellen:

Der Erstdruck erschien im Herbst 1819 im *Taschenbuch für das Jahr 1820. Der Liebe und Freundschaft gewidmet*. Das Werk wurde im Jahr 1820 in den dritten Band der *Serapionsbrüder* aufgenommen.

Für die Erzählung hat Hoffmann ein gründliches Quellenstudium betrieben. Die wichtigste Quelle ist eine Anekdote aus dem Anhang zu Wagenseils *Chronik von Nürnberg*.

Inhalt:

Die Titelfigur, das Fräulein von Scuderi, wird in einen Kriminalfall hineingezogen. Höflinge werden auf dem Weg zur Geliebten ihres Geschenks beraubt und ermordet. Immer handelt es sich dabei um kostbaren Schmuck, der vom Goldschmied René Cardillac angefertigt wurde. Als er überfallen und tödlich verletzt gefunden wird, wird sein Geselle Olivier Brusson des Mordes beschuldigt. Die Scuderi ist von seiner Unschuld überzeugt und stellt eigene Nachforschungen an. Brusson vertraut sich ihr an; der Sachverhalt wird aufgeklärt. Nach einem Gnadengesuch beim König kommt Brusson frei.

⇨ S. 31 ff.

Chronologie und Schauplätze:

Ort der Handlung von *Das Fräulein von Scuderi* ist Paris in der Zeit Ludwigs XIV., worauf der Untertitel des Werks bereits hinweist.

Personen:

Die Hauptpersonen sind

⇨ S. 45 ff.

Das Fräulein von Scuderi:
→ Als Adlige und Dichterin ist sie eine Dame der Gesellschaft. Sie wird durch ihre Verse und ihr Verhalten in einen Mordfall hineingezogen.
→ Sie stellt Nachforschungen an und setzt sich beim König mit Erfolg für die Freilassung eines Unschuldigen ein.

René Cardillac:
→ Cardillac ist der beste Goldschmied seiner Zeit. Er gilt als Sonderling.

→ Er kann sich nicht von seinen Werkstücken trennen. Um sie zurückzubekommen, raubt er nachts und ermordet die Besitzer. Bei einem seiner Raubzüge wird er selbst ermordet.

Olivier Brusson:
→ Als Lehrling bei Cardillac entdeckt er dessen Doppelleben. Er wird des Mordes an seinem Lehrherrn beschuldigt.
→ Er ist früher das Pflegekind der Scuderi gewesen. Nur ihr beichtet er den wahren Hergang. Er ist am Tod Cardillacs unschuldig und kommt durch den Einsatz der Scuderi frei.

Desgrais und la Regnie:
→ Desgrais und la Regnie sind die Leiter der Polizei und des Sondergerichts, der Chambre ardente. Bei der Aufklärung einer Serie von Giftmorden haben die beiden Angst und Schrecken verbreitet. Geständnisse wurden erpresst, viele Unschuldige wurden hingerichtet. Sie werden bis in die höchsten Kreise hinein gefürchtet. Die Chambre ardente wird mit der Inquisition verglichen.
→ Sie sind die Gegner für Brusson als Beschuldigten und für die Scuderi bei ihren Nachforschungen über den Mord.

Stil und Sprache:

⇨ S. 71 ff.

Der Autor schafft durch seine Erzählweise (Zeit, Raum, Arrangement) und seine sprachlichen Mittel (Wortwahl, rhetorische Mittel, Superlative) ein eindrucksvolles Gefüge intensiver menschlicher Gefühle und Leidenschaften, in das theatralische und musikalische Vorstellungen einfließen.

Interpretationsansätze:

Verschiedene Interpretationsansätze bieten sich an: ⇨ S. 90 ff.
- → Die Scuderi und Cardillac verkörpern zwei gegensätzliche Konzepte von Kunst und künstlerischer Existenz.
- → Die Erzählung weist die Merkmale des klassischen Detektivromans auf. Sie geht aber weit darüber hinaus. Sie ist eine Kriminalerzählung, die einen Rechtsfall und das Schicksal zweier Liebender schildert.
- → Die Erzählung kritisiert das Rechtswesen – nicht nur des Absolutismus, sondern auch der Zeit der Restauration in Preußen.

2.1 Biografie

2. E. T. A. HOFFMANN: LEBEN UND WERK

2.1 Biografie

E. T. A. Hoffmann
1776–1822

JAHR	ORT	EREIGNIS	ALTER
1776	Königsberg	Ernst Theodor Wilhelm Hoffmann wird am 24. Januar geboren. Seinen letzten Vornamen ändert er um 1809 aus Verehrung für W. A. Mozart in Amadeus. Der Vater, Christoph Ludwig Hoffmann (1736–1797), ist Advokat am preußischen Gerichtshof in Königsberg. Mutter: Luise Albertine Hoffmann, geb. Doerffer (1748–1796); Geschwister: Johann Ludwig (1768 geboren und früh verstorben) sowie Carl Wilhelm Philipp (1773 bis nach 1822).	
1778	Königsberg	Scheidung der Eltern; Ernst wird der Mutter zugesprochen und wächst im Haus der Großmutter auf; Erziehung durch den Bruder der Mutter, Otto Wilhelm Doerffer, und durch die Schwester der Mutter, Johanna Sophie Doerffer.	2
1782–1791	Königsberg	Besuch der reformierten Burgschule; Beginn der Freundschaft mit Theodor Gottlieb Hippel; Privatunterricht beim Organisten Podbielsky und beim Maler Saemann.	6–15
1792–1795	Königsberg	Jurastudium an der Universität Königsberg; Hoffmann erteilt Musikunterricht; Verhältnis mit Dora Hatt (1766–1803), die zu diesem Zeitpunkt bereits verheiratet ist und fünf Kinder hat.	16–19
1795	Königsberg	Erstes juristisches Examen und Dienststellung als Regierungsauskultator (= Referendar) in Königsberg	19

2.1 Biografie

JAHR	ORT	EREIGNIS	ALTER
1796	Glogau	Versetzung ans Obergericht Glogau auf Betreiben seines Patenonkels Johann Ludwig Doerffer, der dort Rat ist; dadurch wird dem Verhältnis mit Dora Hatt ein Ende gesetzt. Ernst wohnt beim Onkel; Liebe zur Cousine Sophie Wilhelmine (Minna) Constantine Doerffer, der Tochter des Patenonkels.	20
1798	Glogau	Zweites juristisches Examen; Verlobung mit Minna, Beförderung des Onkels zum Obertribunalrat in Berlin; Versetzung Hoffmanns nach Berlin; Übersiedlung der Familie Doerffer und Hoffmanns nach Berlin.	22
1798–1799	Berlin	Tätigkeit am Kammergericht; Wiedersehen mit Jugendfreund Theodor Gottlieb Hippel.	22–23
1800	Berlin/Posen	Assessorexamen; Versetzung nach Posen, das zu dieser Zeit zu Preußen gehört; Gerichtsassessor am Obergericht in Posen.	24
1802	Plock	Strafversetzung ans Gericht in Plock wegen Karikaturen auf preußische Offiziere; sie verstärken einen Konflikt zwischen Verwaltung und Militär. Auflösung der Verlobung mit Minna Doerffer; Eheschließung mit Maria Thekla Michalina (Mischa) Rorer-Trzynska.	26
1804	Warschau	Ernennung zum Regierungsrat und Übersiedlung nach Warschau; Beginn der Freundschaft mit Eduard Hitzig, der am selben Gericht tätig ist.	28
1805	Warschau	Geburt der Tochter Cäcilia	29
1806	Warschau	Ende von Hoffmanns Beamtentätigkeit in der Justiz, da das Gericht nach dem Einmarsch der Franzosen seine Arbeit einstellt und die preußischen Behörden aufgelöst werden.	30

2.1 Biografie

JAHR	ORT	EREIGNIS	ALTER
1807	Berlin	Umzug nach Berlin; vergebliche Stellensuche; Teilnahme am kulturellen Leben.	31
1808	Bamberg	Umzug nach Bamberg; Tätigkeit am Theater, zunächst als Kapellmeister, dann als Komponist.	32
1809	Bamberg	Bankrott des Theaters; Hoffmann arbeitet als privater Musiklehrer; Erscheinen des *Ritter Gluck* in der Leipziger „Allgemeinen Musikalischen Zeitung"; seitdem Mitarbeit als Musikkritiker.	33
1810	Bamberg	Freundschaft mit Dr. Adalbert Friedrich Marcus; Neueröffnung des Bamberger Theaters unter Franz von Holbein; Mitarbeit Hoffmanns als Direktionsgehilfe, Hauskomponist, Bühnenarchitekt und Kulissenmaler.	34
1811	Bamberg	Unerwiderte Liebe zur fünfzehnjährigen Gesangsschülerin Julia Marc	35
1813	Leipzig/ Dresden	Stelle als Musikdirektor in Joseph Secondas Operngesellschaft	37
1814	Leipzig/ Dresden/ Berlin	Kündigung nach Streit mit Seconda; Tätigkeit als Karikaturist und Komponist; nach dem Sieg Preußens über Napoleon Wiedereinstellung in den preußischen Staatsdienst (zunächst ohne feste Besoldung) durch Vermittlung Hippels.	38
1815	Berlin	Beginn der Freundschaft mit Ludwig Devrient; Tätigkeit im Justizministerium.	39
1816	Berlin	Ernennung zum Kammergerichtsrat	40
1819	Berlin	Mitglied der „Immediatkommission zur Ermittelung hochverräterischer Verbindungen und anderer gefährlicher Umtriebe"; Konflikt mit der Ermittlungsbehörde.	43

2.1 Biografie

JAHR	ORT	EREIGNIS	ALTER
1820	Berlin	Einsatz Hoffmanns in der Kommission zugunsten des verhafteten „Turnvaters" Jahn	44
1821	Berlin	Entlassung aus der Kommission auf eigenen Wunsch; Ernennung zum Mitglied des Oberappellationssenats am Kammergericht.	45
1822	Berlin	Disziplinarverfahren wegen seiner Erzählung *Meister Floh*; E. T. A. Hoffmann stirbt am 25. Juni.	46

2.2 Zeitgeschichtlicher Hintergrund

2.2 Zeitgeschichtlicher Hintergrund

ZUSAMMEN-FASSUNG

> → Nach dem Zusammenbruch von 1806 führte Preußen grundlegende Reformen durch. Sie sollten in den Bereichen Militär, Wirtschaft, Verwaltung und Bildung Kräfte für den Wiederaufstieg des Staates freisetzen.
> → Das aufstrebende Bürgertum der Zeit wird durch einen lebhaften Kulturbetrieb angesprochen.
> → E. T. A. Hoffmann war als Jurist auf den preußischen Staat als Arbeitgeber angewiesen. Das Dienstverhältnis war durch Strafversetzung, Disziplinarverfahren und Zensurmaßnahmen belastet. Viele Jahre war er ohne Stelle, nachdem die Gerichtstätigkeit nach dem Einmarsch der Franzosen in Warschau eingestellt war.

Kein prägendes Elternhaus

E. T. A. Hoffmann wurde 1776 in eine Juristenfamilie hineingeboren. Ein prägendes Elternhaus hatte er nicht. Die Eltern wurden 1778 geschieden, die Kinder wuchsen getrennt auf. Der Vater Christoph Ludwig Hoffmann, Advokat am preußischen Gerichtshof in Königsberg, starb 1797. Die Mutter, Luise Albertine Hoffmann, war ein Jahr vorher gestorben. Er wuchs bei Onkel und Tante, Otto Wilhelm Doerffer und Johanna Sophie Doerffer, auf.

Hoffmanns juristische Laufbahn

Preußischer Staatsdienst

Nach Schulzeit und Jurastudium trat er in den preußischen Staatsdienst ein. Er legte die erforderlichen Prüfungen ab und durchlief die Beamtenlaufbahn.

2.2 Zeitgeschichtlicher Hintergrund

ZEIT	STUFE	ORT
1792–1795	Studium	Universität Königsberg (erstes juristisches Examen 1795)
1795–1798	Referendar	Königsberg, Glogau (zweites juristisches Examen 1798)
1798–1800	Referendar	Berlin (Assessorexamen 1800)
1800–1802	Assessor	Posen
1802–1804	Assessor	Plock
1804–1806	Regierungsrat	Warschau
1814–1822	Kammergerichtsrat (ab 1816)	Berlin (Immediatkommission (1819–1822); Disziplinarverfahren (1822)

Die berufliche Tätigkeit fand sowohl bei Regierungs- als auch bei Gerichtsstellen statt. Seine Ausbildung absolvierte er mit großem Erfolg, seine Dienstpflichten erfüllte er zur großen Zufriedenheit des Dienstherrn. Dreimal wurde die Laufbahn empfindlich gestört:
→ 1802 durch die Strafversetzung nach Plock;
→ 1806 durch die Besetzung Warschaus durch die Franzosen;
→ 1822 durch das Disziplinarverfahren.

Anlass für die Strafversetzung waren einige bei einem Ball herumgereichte Karikaturen Hoffmanns auf preußische Offiziere. Hintergrund war die in der Kleinstadt Posten Aufsehen erregende Verurteilung eines Anwalts wegen Beleidigung eines Offiziers. Die bereits ausgefertigte Ernennungsurkunde zum Regierungsrat wurde nicht ausgehändigt. Stattdessen wurde die Versetzung in die Provinz verfügt. Nach zwei Jahren wurde Hoffmann dann zum Regierungsrat ernannt und nach Warschau versetzt. *(1802 Strafversetzung)*

Durch die französische Besetzung Warschaus waren die preußische Verwaltung und die Gerichtstätigkeit eingestellt. Hoffmann *(1806 Besetzung Warschaus)*

2.2 Zeitgeschichtlicher Hintergrund

war ohne Dienstherrn; diese Phase dauerte acht Jahre an. Erst 1814 konnte er in den Staatsdienst zurückkehren.

Konflikt mit dem Dienstherrn

In den letzten Lebensjahren war er durch einen Konflikt mit dem Dienstherrn belastet. Er wurde 1819 in die „Immediatkommission zur Ermittelung hochverräterischer Verbindungen und anderer gefährlicher Umtriebe" berufen. Dieses Gremium war im Zusammenhang mit den Demagogenverfolgungen gebildet worden und sollte mit juristischen Mitteln gegen die bürgerliche und liberale Opposition vorgehen. Diese Erwartung erfüllte Hoffmann nicht. Er ließ sich von der politischen Zielsetzung nicht beeindrucken und kam zu eigenständigen juristischen Schlussfolgerungen, die der Regierung nicht genehm waren. So vertrat er im Fall des „Turnvaters" Jahn die Auffassung, dass dessen Inhaftierung unbegründet sei. Hoffmanns Widersacher war der Polizeidirektor Kamptz. Er bewirkte, dass die Entscheidung der Kommission wirkungslos wurde. Hoffmanns Berufung wurde auf eigenen Antrag zurückgenommen. In kaum verhüllter Form stellte Hoffmann seine Erfahrungen in der Erzählung *Meister Floh* dar. Dagegen schritt die Zensur ein; gegen Hoffmann wurde ein Disziplinarverfahren eingeleitet.

Reformen in Preußen

Als Beamter, der sowohl im Rechtswesen als auch in der Verwaltung tätig war, gehörte Hoffmann zu einer der führenden Schichten in Preußen. Die Auseinandersetzung mit der Französischen Revolution hatte das alte Preußen verloren.

1806 Niederlage in der Doppelschlacht von Jena und Auerstedt

Der Zusammenbruch wurde durch die militärische Niederlage im Jahr 1806 in der Doppelschlacht von Jena und Auerstedt deutlich. Reformen waren erforderlich. Dazu bedurfte es der Mitwirkung der Beamtenschaft. Folgende Reformen wurden in Angriff genommen:

2.2 Zeitgeschichtlicher Hintergrund

Soziale Reformen
→ Bauernbefreiung (1807)
→ Aufhebung der Zünfte mit eingeschränkter Gewerbefreiheit (1810/11)
→ Abschaffung des Frondienstes (1811)
→ Judenemanzipation (1812)

Regierungs- und Verwaltungsreform
→ Einrichtung von Ministerien (1808)
→ Staatliche Gliederung in Provinzen, Regierungsbezirke, Kreise (1808)
→ Kommunalreform: Wahl von Stadtverordneten (1808)

Heeresreform
→ Schaffung eines Volksheeres (1807/1814)

Bildungsreform
→ Gründung der Universität Berlin (1810)
→ Staatliche Gymnasialordnung (1812)

Die Reformen zielten auf die Freisetzung von Kräften in nahezu allen Bereichen ab: Wirtschaft und Soziales, Regierung und Verwaltung, Militär und Bildung. Sie sind u. a. mit den Namen Stein, Hardenberg, Humboldt, Scharnhorst und Gneisenau verknüpft. *Grundzüge der Reformen*

Die Reformen stellten eine Revolution von oben dar. Ihnen liegt ein Menschenbild zugrunde, das auf die Philosophie von Kant und Fichte sowie auf die Pädagogik Pestalozzis zurückgeht. Autonomie und Freiheit vom Staat sind Kennzeichen des Staatsbürgers, der durch loyales und verantwortliches öffentliches Handeln Träger des Modernisierungsprozesses ist. *Revolution von oben*

Die Beamtenschaft war durch Zuverlässigkeit, Sparsamkeit und Uneigennützigkeit Garant dieses Prozesses. Mit diesen Merkmalen entsprach sie dem Prinzip von Befehl und Gehorsam des Soldatenstandes und verlängerte es in den öffentlichen Bereich hinein. *Beamtenschaft als Garant der Reform*

2.2 Zeitgeschichtlicher Hintergrund

Neues gesellschaftliches System

Damit war ein gesellschaftliches System entworfen, das die absolutistische Ständegesellschaft ablöste. Im Gegensatz zum Gesellschaftssystem, das sich aus der Französischen Revolution entwickelte, war der preußische Staatsbürger an die obrigkeitliche Verwaltung gebunden, die ihm zuerkannte, was er sich aufgrund seines selbstverantwortlichen Handelns erdient hatte. Allerdings ließ sich der Entwurf dieses gesellschaftlichen Systems nicht vollständig verwirklichen. Die Gründe dafür sind sehr vielfältig. Der Wille zur Reform entsprang gerade bei denen, die sie umsetzen sollten, nicht einer tief gefühlten Einsicht, sondern war nur eine unliebsame Konsequenz aus dem staatlichen Zusammenbruch, die es zu vollziehen galt, solange keine Alternative sichtbar wurde. Daher war das Reformvorhaben nicht abgesichert und wurde nur inkonsequent umgesetzt. Durch Adel und Beamtenschaft ging ein tiefer Riss.

Divergierende Kräfte

Auch gab es unterschiedliche Interessen, die in dem Maße auseinanderliefen und sich gegeneinander kehrten, in dem Napoleons Herrschaft zu Ende ging. Dem Adel ging es um die Konsolidierung und Wiedergewinnung seines Besitzstandes und seines Einflusses, während es den Burschenschaften und der patriotischen Bewegung, die aus der Freiheitsbewegung gegen Napoleon ihren Elan bezogen hatte, um die bürgerlichen Freiheiten und die Überwindung der Kleinstaaterei ging.

Karlsbader Beschlüsse 1819

Mit den von Metternich initiierten Karlsbader Beschlüssen von 1819, den Zensurbestimmungen und der sogenannten Demagogenverfolgung bestimmte das politische Establishment von einst wieder das Gesetz des Handelns.

Hoffmann zwischen Reform und Restauration

Als Jurist war Hoffmann in die schwebende Situation zwischen Reform und Restauration sowie die Erwartungen der Politik an die Justiz hineingestellt. Seine Stelle hatte er durch den Einmarsch der Franzosen in Warschau verloren. Erst acht Jahre später trat er wie-

2.2 Zeitgeschichtlicher Hintergrund

der in den Staatsdienst ein. Der Dienstherr schätzte seinen Arbeitseifer und berief ihn 1819 in die „Immediatkommission zur Ermittelung hochverräterischer Verbindungen und anderer gefährlicher Umtriebe". Die Bezeichnung macht die Erwartungen der Politik an die Justiz deutlich. Sein unbestechliches Urteil bescherte Hoffmann einen Konflikt mit seinem Dienstherrn. Gegen ihn wurden ein Disziplinarverfahren und Zensurmaßnahmen durchgeführt.

Das Schaffen E. T. A. Hoffmanns steht vor dem Hintergrund eines regen gesellschaftlichen Lebens und eines geschäftigen Kulturbetriebs. Träger ist das aufstrebende Bürgertum, das sich in Ermangelung direkter politischer Mitwirkungs- oder Einflussmöglichkeiten bei Salons, Theateraufführungen und Konzertveranstaltungen traf und diskutierte. Medien, in denen die neuen Gedanken und Ideen verbreitet wurden, waren u. a. Almanache und Taschenbücher. Zusammen mit der Presse waren sie Teil eines Marktes, auf dem ein Wettbewerb der Ideen stattfand.

Bürgertum als Träger des gesellschaftlichen Lebens und des Kulturbetriebs

2.3 Angaben und Erläuterungen zu wesentlichen Werken

2.3 Angaben und Erläuterungen zu wesentlichen Werken

ZUSAMMEN-FASSUNG

→ Als Jurist und Künstler verwirklichte E. T. A. Hoffmann eine seltene Begabung. Kunst und Dienst, Fantasie und Pflichterfüllung gehen in Hoffmann eine Verbindung ein. In ihm kommen gegensätzliche Lebensmodi zusammen und geraten in seiner Biografie mehrfach miteinander in Konflikt.

→ Die Epoche der Romantik ist der zeitliche Hintergrund seiner künstlerischen Existenz.

Hoffmanns vielfältiges künstlerisches Schaffen

Neben dem Beruf war für Hoffmann immer auch die künstlerische Tätigkeit wichtig. Während zunächst die Musik in Form von Unterrichten, Komponieren und Dirigieren seine künstlerische Tätigkeit in der Hauptsache ausmachte, verschob sich der Schwerpunkt im Lauf der Zeit zur Literatur. Zugleich war er auch im bildnerischen Bereich tätig. Bei der Arbeit im und für das Theater sowie beim Verfassen von Rezensionen kamen alle seine Talente zusammen. Die Werke, die seinem umfassenden künstlerischen Schaffen entsprangen, waren nicht nur elementare Äußerungen der Kreativität, sondern auch Notwendigkeit im Sinne einer Sicherung der Lebensgrundlage. Dies galt besonders während der langen Zeit ohne dienstliche Stellung, aber auch dann, wenn er eine unbesoldete Stelle innehatte.

Romantik: Kunst, Natur, Ich

Prägend für die künstlerischen Bestrebungen der Zeit ist die Romantik als Sammelbecken von Gegensätzlichem. Im Mittelpunkt

2.3 Angaben und Erläuterungen zu wesentlichen Werken

steht das denkende, fühlende und ahnende Subjekt. Der Künstler stellt in seiner Existenz und seinem Schaffen die Steigerung des Menschen dar.

Darin wird die Philosophie Johann Gottlieb Fichtes (1762–1814) wirksam, in der das Ich denkend und handelnd sich selber setzt. Es setzt sich auch seine Grenzen, damit es sich in der Abarbeitung daran verwirklichen kann. So ist nach Fichte auch die Natur eine Schöpfung des Ich. Es ist nichts selbstständig Existierendes.

Fichte: Natur = Schöpfung des Ich

Das Verhältnis von Ich und Natur wird durch Friedrich Wilhelm Joseph Schelling (1775–1854) genau umgekehrt bestimmt. In seiner Philosophie ist der Geist das Produkt der Natur. Sie liegt allem zugrunde. Natur und Geist sind aufeinander bezogen. In der Natur manifestiert sich Geist, und Geist stellt Natur in unsichtbarer Form dar. Damit setzt sich Schelling von Fichte ab. Mit seiner Naturauffassung nimmt er Bezug auf Spinoza (1632–1677), dessen Ethik eine ganzheitliche Weltsicht verlangt: Da der Mensch nach vollkommener Erkenntnis strebt und da Gott vollkommen ist, muss es sein Ziel sein, eins mit Gott zu werden. Da Gott in allem ist, muss daher das Ziel des Menschen sein, eins mit der Natur zu werden.

Schelling: Geist = Produkt der Natur

Schellings Naturphilosophie wurde von Gotthilf Heinrich Schubert (1780–1860) aufgegriffen und popularisiert. In seinem Werk *Ansichten von der Nachtseite der Naturwissenschaften* (1808) geht er von einem ursprünglich einheitlichen Weltganzen aus, das sich im Lauf der Zeit auseinanderentwickelt habe. Doch in einigen Phänomenen bestehe noch eine Verbindung mit dem Ursprung. Dies seien die Nachtseiten, zu denen das Phänomen des Traums gehöre. Der forschende Umgang mit der Natur ist demnach durch Ahnung, Fantasie und Spekulation bestimmt. Anders als beim modernen, experimentierenden und quantifizierenden Umgang mit der Natur wird von einem ganzheitlich erlebenden und forschenden Umgang

Schubert: „Nachtseiten" und Traum

2.3 Angaben und Erläuterungen zu wesentlichen Werken

mit der Natur ausgegangen, in die auch der Mensch als geistig-leiblich-seelisches Wesen einbezogen ist.

Dunkle Seiten des menschlichen Daseins

Die Romantiker haben ein verstärktes Interesse an den dunklen Stellen des menschlichen Daseins, die nicht dem zergliedernden Verstand zugänglich sind. Schlaf, Traum, Krankheit und Seele ziehen ihre Aufmerksamkeit auf sich. Darin deuten sie auf die kollektiven Symbole voraus, die zu Beginn des 20. Jahrhunderts in der Psychologie erforscht wurden.

Hoffmanns Lebensmodi

Vor dem Hintergrund der Romantik ist das Schaffen E. T. A. Hoffmanns zu sehen. Am zeitgenössischen geistigen Leben nahm er besonders in Berlin lebhaft Anteil.

Die Einbildungskraft, welche die Gegebenheiten von Welt und Gesellschaft außer Kraft setzt, ist für ihn zentral. Seine romantische Subjektivität setzt auf souveräne Weise mithilfe der Ironie ein neues Bezugssystem, in dem die Verhältnisse der realen Welt auf groteske Weise verzerrt werden können. Komik und Ironie gestalten eine reiche innere Welt.

Fließende Übergänge vom Realen zum Fantastischen

Dabei sind die Übergänge vom Realen zum Fantastischen, vom Normalen zum Anormalen, vom Gesunden zum Kranken fließend ausgestaltet; auch die Bewertungen fallen je nach Standpunkt unterschiedlich aus.

Wiederkehrende Motive: der Doppelgänger, der Künstler, der Wahnsinnige

Häufig wiederkehrende Motive sind der Doppelgänger, der Künstler und der Wahnsinnige; der Bürger wird in dieser Perspektive zum Philister. Die Bezeichnungen, die Hoffmann für seine Romane und Erzählungen verwendet, hat er der Malerei, der Musik und der bildenden Kunst entlehnt: *Nachtstück*, *Fantasiestück*. Sie lassen Hoffmanns Faszination an den dunklen Seiten der menschlichen Existenz erkennen. Dies geschieht in ahnender und fühlender Weise und schließt die eigene Person ein. Als Beamter und Künstler

2.3 Angaben und Erläuterungen zu wesentlichen Werken

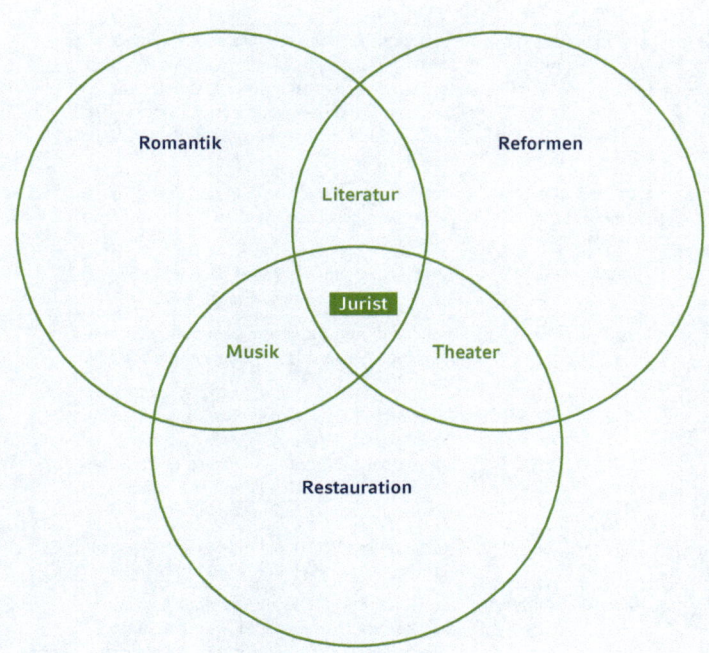

steht er im Schnittpunkt eigener und fremder Ansprüche. In seiner Existenz verbindet er den Beruf des Juristen mit der Berufung des Künstlers – und damit zwei gegensätzliche Lebensmodi.

Hoffmanns literarische Werke sind als Teil eines künstlerischen Gesamtwerks, das auch Musik, Malerei und Theater umfasst, vor dem Hintergrund einer wechselhaften, oft durch Entbehrungen charakterisierten Biografie und tiefgreifender politischer Ereignisse zu sehen.

Künstlerisches Gesamtwerk

2.3 Angaben und Erläuterungen zu wesentlichen Werken

JAHR	ORT	EREIGNIS	ALTER
1795	Königsberg	Erste schriftstellerische Versuche; Einfluss des Verhältnisses zu Dora Hatt; Lektüre von Schillers *Geisterseher* und seiner ersten Dramen; Rousseaus *Bekenntnisse*; ferner Lektüre von Sterne, Swift, Lichtenberg, Jean Paul, Goethe u. a.	19
1798–1799	Berlin	Beschäftigung mit Musik und Malerei; Teilnahme am gesellschaftlichen und kulturellen Leben.	22–23
1802	Plock	Strafversetzung von Posen nach Plock wegen Karikaturen auf preußische Offiziere	26
1805	Warschau	Von Hoffmann angeregte Gründung der „Musikalischen Gesellschaft", Übernahme von Funktionen.	29
1806	Warschau	Planung der Renovierung für die Residenz der Gesellschaft, Ausführung von Wandmalereien; Dirigat beim Eröffnungskonzert; Einstellung der Gerichtstätigkeit wegen der Besetzung Warschaus durch die Franzosen.	30
1807	Berlin	Vergeblicher Versuch, bei Musikverlagen und am Theater eine bezahlte Stellung zu bekommen.	31
1808	Bamberg	Angebot einer Stelle als Kapellmeister am Bamberger Theater durch Graf von Soden; Misserfolg beim ersten Dirigat in Bamberg wegen einer Intrige, danach nur noch kompositorische Tätigkeit für das Bamberger Theater.	32
1809	Bamberg	Bankrott des Theaters; Hoffmann als Musiklehrer; Erscheinen des *Ritter Gluck* in der „Allgemeinen Musikalischen Zeitung"; seitdem Mitarbeit als Musikkritiker.	33
1810	Bamberg	Neueröffnung des Bamberger Theaters unter Franz von Holbein; Tätigkeit Hoffmanns als Direktionsgehilfe, Hauskomponist, Bühnenarchitekt und Kulissenmaler.	34

2.3 Angaben und Erläuterungen zu wesentlichen Werken

JAHR	ORT	EREIGNIS	ALTER
1812	Bamberg	Holbein übernimmt das Theater in Würzburg; Hoffmann verlässt das Bamberger Theater; er arbeitet als Musiklehrer und Rezensent.	36
1813	Leipzig/ Dresden	Stelle als Musikdirektor in Joseph Secondas Operngesellschaft	37
1814	Berlin	Umzug nach Berlin; Anstellung zur Probe beim Kammergericht; *Fantasiestücke in Callots Manier I–III* (darin u. a.: *Ritter Gluck*, Erstdruck 1809; *Johannes Kreislers, des Kapellmeisters, musikalische Leiden*, Erstdruck 1810; *Don Juan*, Erstdruck 1813; *Nachricht von den neuesten Schicksalen des Hundes Berganza*; *Der goldne Topf*)	38
1815	Berlin	*Die Elixiere des Teufels I*; *Fantasiestücke in Callots Manier IV*	39
1816	Berlin	Ernennung zum Rat am Kammergericht; *Die Elixiere des Teufels II*; *Nachtstücke I* (darin: *Der Sandmann*); Uraufführung von Hoffmanns 1814 fertiggestellter Oper *Undine* (nach Fouqué) am Schauspielhaus.	40
1817	Berlin	*Nachtstücke II* (darin: *Das öde Haus*)	41
1819	Berlin	Berufung in die „Immediatkommission"; *Die Serapionsbrüder I–II* (darin: *Die Bergwerke zu Falun*); *Lebensansichten des Katers Murr I*; *Klein Zaches, genannt Zinnober*.	43
1820	Berlin	Gutachten Hoffmanns zur Verhaftung des „Turnvaters" Jahn; *Die Serapionsbrüder III* (darin: *Das Fräulein von Scuderi*, Erstdruck 1819); *Prinzessin Brambilla*.	44
1821	Berlin	Entlassung aus der „Immediatkommission"; *Serapionsbrüder IV*; *Lebensansichten des Katers Murr II*	45
1822	Berlin	Disziplinarverfahren wegen der Erzählung *Meister Floh* (zensiert)	46

3. TEXTANALYSE UND -INTERPRETATION

3.1 Entstehung und Quellen

ZUSAMMEN-FASSUNG

Hoffmann geht mit seinen Quellen offen und souverän um. Fakten und Namen werden gezielt genutzt. Die Quellen ermöglichen eine historisch richtige und atmosphärisch dichte Darstellung. Für Cardillac gibt es keine Quelle. Er ist offenbar Hoffmanns Erfindung.

Erstdruck

Hoffmann schrieb die Erzählung *Das Fräulein von Scuderi* im ersten Halbjahr 1818. Der Erstdruck erschien im Herbst 1819 im *Taschenbuch für das Jahr 1820. Der Liebe und Freundschaft gewidmet.* Sie wurde im Jahr 1820 in den dritten Band der *Serapionsbrüder* aufgenommen. Für die Erzählung hat Hoffmann ein gründliches Quellenstudium betrieben. Die wichtigste Quelle ist eine Anekdote aus dem Anhang zu Wagenseils *Chronik von Nürnberg*[1].

J. Chr. Wagenseil

Darin berichtet Johann Christof Wagenseil (1633–1705) über eine Bittschrift an den König, in der um Abhilfe gegen Raubüberfälle auf Adlige gebeten wird, die zu ihren Mätressen unterwegs sind. Dagegen erhebt eine Schrift zugunsten der „Beutel-Schneider" Einspruch. Die Verteidigungsschrift endet mit dem Appell an den König, das Urteil zu fällen: „Un amant qui craigne les voleurs n'est point digne d'amour". Als Verfasserin wird das Fräulein von Scuderi angenommen. Ein Vertreter der „Beutel-Schneider" über-

---

[1] Wagenseil, Johann Christof: *De Sacri Romani Imperii libera civitate Noribergensi commentatio. Accedit, de Germaniæ phonascorvm Von der Meister-Singer, origine, præstantia, vtilitate, et institvtis, sermone vernacvlo liber:* Johann Christophorus, 1697.

3.1 Entstehung und Quellen

gibt ihrer Kammerfrau aus Dank ein Kästchen mit Schmuck und Geld als Geschenk für ihre Unterstützung.

Die Erzählung spielt in Paris im Zeitalter Ludwigs XIV., wie schon der Untertitel verdeutlicht. Viele Namen, die Hoffmann verwendet, sind Voltaires (1694–1778) weit verbreiteter Darstellung entnommen, die auch in Übersetzung vorlag[2]. Einzelheiten über die Giftmörderin Marquise de Brinvillier fand Hoffmann in Pitavals (1673–1743) Sammlung von Rechtsfällen[3]. Über den Schauplatz Paris informiert sich Hoffmann mithilfe von zwei Beschreibungen[4].

Voltaire und Pitaval

Hoffmanns Nutzung von Wagenseil und Voltaire wird durch ihre Erwähnung in den *Serapionsbrüdern* bestätigt. Vor dem Vortrag der Erzählung über die Scuderi weist Sylvester auf Voltaires *Sciècle de Louis XIV* hin:

Serapionsbrüder

> „‚Wir haben', sprach Sylvester, ‚soeben an Voltaire gedacht, ihr möget daher, meine teuren Serapionsbrüder, an sein ‚Siècle de Louis XIV' und an dies Zeitalter überhaupt selbst denken, aus dem ich die Erzählung entnommen, die ich demütigst eurer gütigen Aufnahme empfehle.'"[5]

---

[2] Voltaire: *[Siècle de Louis XIV.] I-III*. [Kehl]: Imprimerie de la Société Littéraire-Typographique, 1785.

[3] Gayot Pitaval, François de: *Causes celebres et interessantes. Avec les jugemens qui les ont decidées*. La Haye: Jean Neaulme, 1737–1745.
Gayot Pitaval, François de, François Richer und Carl Wilhelm Franz: *Sonderbare und vermehrte Rechtsfälle*. Jena: Cuno, 1782.

[4] Blagdon, Francis William und Eberhard August Wilhelm von Zimmermann: *Paris wie es war und wie es ist. Ein Versuch über den vormaligen und heutigen Zustand dieser Hauptstadt in Rücksicht der durch die Revolution darin bewirkten Veränderungen : nebst einer umständlichen Nachricht von den bedeutendsten National-Anstalten für Wissenschaften und Künste, wie auch von den öffentlichen Gebäuden : in einer Reihe von Briefen eines reisenden Engländers [i. e. Francis William Blagdon]*. Leipzig: bei Gerhard Fleischer dem Jüngern, 1805.
Meyer, Friedrich Johann Lorenz: *Briefe aus der Hauptstadt und dem Innern Frankreichs*. Zweite vermehrte Ausgabe. Tübingen: Cotta, 1803.

[5] Hoffmann, E. T. A.: *Poetische Werke*. Band IV, Berlin: Aufbau, 1958, S. 175.

3.1 Entstehung und Quellen

Ludwig XIV. von
Frankreich
1638–1715
© ullstein bild –
Imagno

3.1 Entstehung und Quellen

Im Anschluss an den Vortrag Sylvesters fühlt sich Ottmar an eine Geschichte von einem venezianischen Schuster erinnert. Hier bestehen einige Übereinstimmungen mit Cardillac, aber Sylvester bestreitet eine Quelle. Zuvor hat Lothar Cardillac als Ergebnis „fantastischer Inspiration"[6] bezeichnet. Aber er weist auf Wagenseil als Quelle für einen anderen Sachverhalt hin:

> „‚Von dem venezianischen Schuster', sprach Sylvester, ‚weiß ich nichts, soll ich euch aber treu und ehrlich die Quellen angeben, aus denen ich schöpfte, so muss ich euch sagen, dass die Worte der Scuderi: ‚Un amant qui craint etc.' wirklich von ihr und zwar beinahe auf denselben Anlass, wie ich es erzählt, gesprochen worden sind. Auch ist die Sache mit dem Geschenk von Räuberhänden durchaus keine Geburt des von günstiger Luft befruchteten Dichters. Die Nachricht davon findet ihr in einem Buche, wo ihr sie gewiss nicht suchen würdet, nämlich in Wagenseils ‚Chronik von Nürnberg'. Der alte Herr erzählt nämlich von einem Besuch, den er während seines Aufenthalts in Paris bei dem Fräulein von Scuderi abgestattet, und ist es mir gelungen, das Fräulein würdig und anmutig darzustellen, so habe ich das lediglich der angenehmen Courtoisie zu verdanken, mit der Wagenseilius von der alten geistreichen Dame spricht.'
>
> ‚Wahrhaftig', rief Theodor lachend, ‚wahrhaftig, in einer Nürnberger Chronik das Fräulein von Scuderi anzutreffen, dazu gehört ein Dichterglück, wie es unserm Sylvester beschieden.'"[7]

---

6 Ebd., S. 252.
7 Ebd., S. 253 f.

3.1 Entstehung und Quellen

Im Gespräch der Serapionsbrüder werden die in den Quellen vorgefundenen Daten und Handlungszüge deutlich herausgekehrt; die dichterische Leistung der Auswahl, atmosphärischen Verdichtung, des Einfalls und schließlich das schöpferische Zusammenfügen zu einem Ganzen treten dahinter zurück.

3.2 Inhaltsangabe

ZUSAMMENFASSUNG

Die Novelle spielt um 1680 in der Stadt Paris und am Hof Ludwigs XIV. Die Gesellschaft wird durch eine Serie von unaufgeklärten Verbrechen in Angst und Schrecken versetzt: Höflinge werden auf dem Weg zur Geliebten ihres Geschenkes beraubt und ermordet. Immer handelt es sich dabei um kostbaren Schmuck, der vom Goldschmied Cardillac angefertigt wurde. Später wird auch Cardillac tot aufgefunden. Sein Geselle Olivier Brusson wird des Mordes beschuldigt.

Die Titelfigur, das Fräulein von Scuderi, wird in den Kriminalfall hineingezogen. Sie gelangt, ohne es zu wollen, in den Besitz von Schmuckstücken aus Cardillacs Hand. Durch Gespräche mit Madelon, der Tochter Cardillacs und Brussons Verlobter, sowie durch eigene Nachforschungen kommt sie zu der Überzeugung, dass Brusson unschuldig ist. Brussons Geständnis, das von einem Augenzeugen bestätigt wird, entlastet Brusson und entlarvt Cardillac als Mörder. Um Madelons willen erträgt er die falsche Beschuldigung, zumal er als Mitwisser in Cardillacs Verbrechen verstrickt ist.

Die Scuderi richtet ein Gnadengesuch an den König. Brusson kommt frei, muss aber die Stadt zusammen mit Madelon verlassen. Sie heiraten und finden ihr Glück und Auskommen in Genf. Die wiedergefundenen Schmuckstücke werden den überraschten Eigentümern zurückgegeben.

3.2 Inhaltsangabe

Übergabe des Schmuckkästchens an Bedienstete der Scuderi (HL S. 5–9, R S. 3–8)

In der Nacht verschafft sich ein Unbekannter Eintritt in das Haus der Scuderi, indem er ihre Bedienstete Martiniere, die um die Sicherheit und Nachtruhe ihrer Herrschaft besorgt ist, unter Drohen und Flehen erweicht. Als sie ihn nicht zu ihr vorlässt und sich Polizei nähert, flieht er überstürzt. Er begegnet dabei noch dem zurückkehrenden Diener Baptiste.

Fremder bringt Kästchen

Beide Bediensteten beschließen, ihrer Herrschaft ein Kästchen, das der Fremde zurückgelassen hat, auszuhändigen.

Juwelenraubmorde: Auswirkungen bei Bevölkerung und Hofgesellschaft (HL S. 9–16, R S. 8–18)

Die Pariser Gesellschaft wird durch Verbrechen in Schrecken versetzt. Diese reißen auch nach der Aufklärung einer Serie von Giftmorden nicht ab. Schließlich setzt der König ein Sondergericht ein, das inquisitorisch gegen Schuldige und Unschuldige vorgeht. Verbrechen und Ermittlungen verbreiten bis in den höchsten Adel hinein Angst.

Gift- und Raubmorde

Nach Abklingen der Giftmorde beunruhigen Raub und Mord die vornehme Gesellschaft. Opfer sind Höflinge, die mit Schmuck auf dem Weg zur Geliebten sind. Die Schmuckstücke waren bei Cardillac, dem berühmtesten Goldschmied, gefertigt worden. Polizei und Justiz unternehmen vergebens große Anstrengungen, um die Verbrechen aufzuklären. Die Täter scheinen zu wissen, wo die Polizei tätig ist, und meiden ihre Einsatzorte oder verschwinden vor ihren Augen. Daher glaubt man in der Bevölkerung an Teufelswerk.

„Un amant qui craint les voleurs n'est point digne d'amour."

Der König soll einen neuen Gerichtshof mit noch mehr Vollmachten einrichten, aber schon die Chambre ardente ist ihm zu mächtig und stiftet zu viel Unheil. Ein Lobgedicht mit schmeichelhaften mythologischen Anspielungen soll ihn für eine Maßnahme gewinnen,

3.2 Inhaltsangabe

gefährdete Liebhaber zu schützen. Doch ein Epigramm der Scuderi lässt ihn davon Abstand nehmen.

Öffnung des Schmuckkästchens durch die Scuderi
(HL S. 16–19, R S. 18–21)

Die Scuderi öffnet in Anwesenheit ihrer Bediensteten das Kästchen, das der Fremde zurückgelassen hat. Darin findet sie kostbare Armbänder und Halsschmuck. Auf einem beiliegenden Zettel wird der Schmuck unter Bezug auf ihre Verse als Dank für ihre Unterstützung bezeichnet. Die unterzeichneten Unsichtbaren rühmen sich, Schätze mit Gewalt vor unwürdiger Verwendung zu bewahren. Die Scuderi fühlt sich verhöhnt.

Inhalt des Kästchens

Der Schmuck: Cardillacs Gabe und Weigerung der Scuderi
(HL S. 19–25, R S. 21–29)

Scuderi bringt das Schmuckkästchen zur Marquise de Maintenon, die es als Arbeit Cardillacs erkennt, eines zwar ehrenhaften, aber menschlich schwierigen Goldschmieds. Dieser ist von seiner Arbeit besessen. Aufträge führt er zu niedrigen Preisen schnell und meisterhaft aus, kann sich aber nicht von seinen Werkstücken trennen. Kommen die Auftraggeber zur Abholung, so will er die Werkstücke nachbessern und wird gar grob oder tätlich. Von manchen Personen nimmt er überhaupt keine Aufträge entgegen.

Der Goldschmied Cardillac

Beide Frauen beschließen, Cardillac unter einem Vorwand den Schmuck zu zeigen, um von ihm den Eigentümer zu erfahren. Er erkennt die Schmuckstücke als sein eigenes Werk, das ihm angeblich gestohlen worden sei; er übergibt der Scuderi aus Verehrung den Schmuck und entfernt sich unversehens.

Cardillac übergibt sein Werkstück der Scuderi

Die Scuderi lehnt es ab, den Schmuck, der ihr auf merkwürdige Weise zugefallen ist, zu tragen, da er offenbar durch verbrecherische Hände gegangen ist. Alle Umstände, unter denen sie das

Scuderi lehnt es ab, den Schmuck zu tragen

3.2 Inhaltsangabe

Schatzkästchen erhielt, lassen sie ein Geheimnis vermuten, das die Juwelen umgibt. Sie nutzt die Scherze der Marquise de Maintenon für ein Gedicht über sich als Goldschmiedsbraut.

Aufforderung des Fremden (HL S. 25–27, R S. 29–31)

Aufforderung zur Rückgabe des Schmucks durch einen Fremden

Monate später erhält das Fräulein von Scuderi bei der Ausfahrt in einer gläsernen Kutsche von einem jungen Mann, den die Martiniere als den Überbringer des Schmuckkästchens erkennt, auf einem Zettel die dringende Aufforderung, zur Vermeidung von Unheil den Schmuck innerhalb von zwei Tagen zu Cardillac zurückzubringen.

Cardillacs Ermordung und Brussons Verhaftung (HL S. 27–30, R S. 31–35)

Als die Scuderi den Schmuck verspätet zurückbringt, gerät sie in eine Menschenmenge vor Cardillacs Haus und erfährt, dass Cardillac ermordet und sein Geselle Olivier Brusson als Mörder verhaftet wurde. Madelon, Cardillacs Tochter, beteuert Brussons Unschuld. Die Scuderi stellt sie unter ihren Schutz und bewahrt sie vor der Misshandlung und Willkür durch die Polizei.

Unter Tränen berichtet Madelon der mitfühlenden Scuderi vom Tod des Vaters und der Unschuld Oliviers. Cardillac sei im Beisein seines Gesellen auf der Straße überfallen und tödlich verletzt worden. Olivier habe den Vater nach Hause getragen, wo er Madelon herbeigeholt habe. Bevor er starb, konnte er noch sein Einverständnis mit Brusson als Schwiegersohn ausdrücken.

Einsatz der Scuderi für Brusson (HL S. 30–37, R S. 35–44)

Scuderi ist von Brussons Unschuld überzeugt

Die Scuderi ist nach sorgfältiger Abwägung aller Umstände von Oliviers Unschuld überzeugt und will sich für seine Rettung einsetzen. Sie verwendet sich bei la Regnie für Olivier Brusson, allerdings ohne Erfolg. La Regnie behandelt die Scuderi mit ausgesuchter Höflich-

3.2 Inhaltsangabe

keit und erklärt, dass die Tatsachen gegen Brusson sprächen. Für den Überfall gebe es nur Brussons Aussagen, und Hausbewohner bezeugten, dass Cardillac – wie üblich – auch an jenem Abend das Haus nicht verlassen habe. La Regnie hält Brusson für den Kopf der Diebes- und Mörderbande, welche die Stadt unsicher macht. Er droht, Brusson für ein Geständnis foltern zu lassen. Die Scuderi ist bestürzt und erhält von la Regnie die Erlaubnis, Olivier zu sprechen.

Die Scuderi will von Olivier den Ablauf der Ereignisse hören, weil sie ein bisher unentdecktes Geheimnis vermutet. Doch als sie ihn bei der Vorführung als den jungen Mann erkennt, von dem sie in der Kutsche die Mitteilung erhielt und der ihr das Juwelenkästchen brachte, bricht sie – von seiner Schuld überzeugt – zusammen. Sie hält es jetzt sogar für möglich, dass Madelon seine Komplizin ist, und weist sie ab.

Die Scuderi ist verzweifelt, dass sie das Schicksal in diese Situation hineingezogen hat. Doch als sie la Regnie durch Degrais um ein Treffen mit Brusson bittet, weil dieser nur ihr alles gestehen wolle, kann sie sich dem Wunsch nicht entziehen. Bei der Begegnung in ihrem Haus soll er ohne Ketten und Überwachung sein; über das Gespräch darf sie Stillschweigen bewahren.

Brussons Geständnis (HL S. 37–56, R S. 44–69)

Olivier Brusson gibt sich als Sohn von Anne Guiot zu erkennen, welche die Scuderi als Pflegekind aufzog. Sie heiratete den Uhrmacher Brusson und bekam Olivier, der bei der Scuderi drei Jahre lang aufwuchs, bis die Eltern Paris verließen. Die Eltern sterben früh; er erlernt das Goldschmiedehandwerk und wird schließlich Geselle in Cardillacs Werkstatt. Er verliebt sich in dessen Tochter Madelon und wird entlassen. Wegen seiner Herkunft komme er für Cardillacs Tochter nicht infrage.

Vorgeschichte: Olivier war Pflegekind der Scuderi

3.2 Inhaltsangabe

Um mit Madelon zu sprechen, hält er sich nachts vor Cardillacs Haus auf und beobachtet, wie jener durch einen beweglichen Durchlass in der Mauer auf die Straße kommt, einen Offizier überfällt und ermordet. Auf Anruf flieht er und kann entkommen, während Brusson gestellt wird, als er sich um das Opfer kümmert. Da man ihn kennt, wird er für unverdächtig gehalten.

Cardillac als Mörder

Die Entdeckung, dass Cardillac ein Mörder ist, erschüttert ihn. Durch Schmeichelei, Drohung und Verlockung gelingt es Cardillac, Olivier an sich zu binden. Er ist jetzt in täglicher Angst mit dem Verbrecher zusammen und wird von seiner ahnungslosen Tochter angezogen. Da Cardillac sich sicher fühlt, offenbart er sich Olivier: Er schreibt seine Neigung zu Gold und Edelsteinen einem Erlebnis seiner Mutter zu Beginn der Schwangerschaft zu, bei dem ein Liebhaber, durch Juwelen ansehnlicher geworden, in ihren Armen starb. Schon als Kind sei er auf echtes Gold und Edelsteine versessen gewesen, und nachdem er eine Zeitlang seine Gier unterdrückt habe, sei sie übermächtig geworden, sodass er sich ein ausgeliefertes Werkstück durch Diebstahl und schließlich durch Mord zurückholen musste. Beim Erwerb des Hauses mit Werkstatt habe er durch den Verkäufer vom beweglichen Mauerdurchlass erfahren.

Oliviers Schuld

Brusson, von Cardillac eingeweiht, leidet nach einer Besichtigung des durch Diebstahl und Mord zusammengetragenen Schatzes unter seiner Bindung an das Verbrechen, zumal er die Tochter des Verbrechers liebt. Er wollte sich davon lösen, als er im Auftrag Cardillacs dem Fräulein von Scuderi den Schmuck als Auszeichnung für ihre Tugend und als Anerkennung für ihren Vers bringen sollte. Aber es gelang ihm nicht, sie zu sprechen. Als ihr Leben wegen des Schmucks in Gefahr war, forderte er sie durch die in die Kutsche geworfene Mitteilung auf, Cardillac den Schmuck zurückzubringen; aber die Scuderi überschritt die Frist. Daher hielt er Wache vor ihrem Haus und wurde Zeuge eines Überfalls von

3.2 Inhaltsangabe

Cardillac, der dabei tödlich verletzt wird. Olivier sieht seine Schuld darin, dass er Cardillac um Madelons willen nicht verraten kann.

Die Scuderi ist von Olivier beeindruckt, sieht aber keine Möglichkeit, ihm zu helfen. Sie schreibt an la Regnie, dass Brusson unschuldig sei, dass er die Wahrheit aber nicht verraten könne. La Regnie entgegnet, dass die Justiz das Geheimnis durch die Folter lüften werde. Der von der Scuderi befragte Advokat d'Andilly bestätigt die Rechtmäßigkeit dieses Vorgehens.

Bei der Scuderi meldet sich Miossens, das Opfer von Cardillacs Überfall, der ihn tödlich verletzte. Da er Cardillac der Morde verdächtigte, habe er ihm eine Falle gestellt. Den erwarteten Angriff habe er durch einen Brustpanzer und durch Gegenwehr vereitelt. Die Scuderi veranlasst ihn, d'Andilly über den Hergang zu informieren. Nach seiner Auffassung ist Brusson immer noch als Tatbeteiligter schuldig. Durch d'Andillys Aussage bleibt Brusson die Folter erspart. Alle Hoffnung ruht auf dem Gnadengesuch an den König.

Madeleine de Scudéry
1607–1701
© ullstein bild – Roger-Viollet

Gnadengesuch und Entscheidung des Königs
(HL S. 56–61, R S. 69–76)

In großer Robe und mit Cardillacs Schmuck ausgestattet, sucht die Scuderi den König auf, wo ihr Auftritt bei allen Anwesenden Aufsehen erregt. Sie schildert, ohne den Prozess gegen Brusson zu erwähnen, ihre tiefe Betroffenheit und die Gründe, warum sie von seiner Unschuld überzeugt ist, darunter den Eindruck, den Madelon auf sie machte. Als der König sie sehen will, überreicht sie ihm

Scuderi beim König

3.2 Inhaltsangabe

eine von d'Andilly aufgesetzte Bittschrift. Der Marquise de Maintenon fällt ihre Ähnlichkeit mit einer früheren Geliebten des Königs auf.

Entscheidung des Königs

Nach längerer Zeit, in welcher der König weitere Nachforschungen anstellen lässt, teilt er der Scuderi seine Entscheidung mit. Brusson kommt frei. Madelon erhält einen Brautschatz; beide müssen Paris verlassen. Madelon und Olivier heiraten und finden in Genf ihr Glück. Die Überfallopfer können ihr Eigentum zurückfordern; was übrig bleibt, fällt der Kirche zu.

3.3 Aufbau

3.3 Aufbau

ZUSAMMENFASSUNG

Die Erzählung hat einen dreiteiligen Aufbau:
→ die Ereignisse vor dem Mord an Cardillac,
→ die Ermordung Cardillacs und die Verhaftung Brussons,
→ die Ereignisse danach.
Die drei Teile gehören zusammen.
In den drei Teilen sind drei Handlungsstränge verwoben, deren Träger die Hauptpersonen Scuderi, Cardillac und Brusson sind. Die Handlungsstränge werden schwerpunktmäßig in den Ereignissen nach dem Mord entfaltet.

Der Inhalt der Erzählung lässt sich in neun Teile gliedern:

1.	Übergabe des Schmuckkästchens an Bedienstete der Scuderi	HL S. 5–9/R S. 3–8
2.	Juwelenraubmorde: Auswirkungen bei Bevölkerung und Hofgesellschaft	HL S. 9–16/R S. 8–18
3.	Öffnung des Schmuckkästchens durch die Scuderi	HL S. 16–19/R S. 18–21
4.	Der Schmuck: Cardillacs Geschenk, Weigerung der Scuderi	HL S. 19–25/R S. 21–29
5.	Aufforderung des Fremden	HL S. 25–27/R S. 29–31
6.	Cardillacs Ermordung und Brussons Verhaftung	HL S. 27–30/R S. 31–35
7.	Einsatz der Scuderi für Brusson	HL S. 30–37/R S. 35–44
8.	Brussons Geständnis	HL S. 37–56/R S. 44–69
9.	Gnadengesuch und Entscheidung des Königs	HL S. 56–61/R S. 69–76

DAS FRÄULEIN VON SCUDERI

3.3 Aufbau

Dreiteiliger Aufbau

Handlungsschritte

An der Gliederung ist ablesbar, dass die Handlung nach einer Exposition (Abschnitte 1 und 2) in drei Handlungsschritten (Abschnitte 3 bis 5) einem Höhepunkt in Abschnitt 6 zustrebt. Vor dem Hintergrund von Giftmorden und Mordanschlägen mit Juwelenraub werden der Goldschmied Cardillac getötet und sein Geselle Brusson als Verdächtiger festgenommen.

In den folgenden Handlungsschritten (Abschnitte 7 bis 9) wird der Mord aufgeklärt: Cardillac führt ein Doppelleben, bei Tag als Goldschmied und bei Nacht als Mörder, der sich nicht von seinen Werken trennen kann. Als Miossens bemerkt, dass er beim Kauf eines Schmuckstücks als nächstes Opfer ausgefragt wird, trifft er Vorkehrungen zur Abwehr eines Mordanschlags. Bei der Gegenwehr tötet er Cardillac aus Notwehr. Brusson trägt am Tod Cardillacs keine Schuld. Die Scuderi setzt sich für Brusson ein und bittet beim König um Gnade. Er verfügt Brussons Freilassung und zahlt Madelons Brautschatz. Aber beide müssen die Stadt verlassen; die von Cardillac durch Raubmord wiedererlangten Schmuckstücke werden ihren Besitzern zurückgegeben.

Die Erzählung hat einen klaren dreiteiligen Aufbau:
→ Ereignisse vor dem Mord an Cardillac (Abschnitte 1 bis 5)
→ Mord an Cardillac (Abschnitt 6)
→ Ereignisse nach dem Mord an Cardillac (Abschnitte 7 bis 9)

Zusammenhang der drei Teile

Brusson als verbindendes Element

Der Fremde, der die Dienerschaft der Scuderi in Angst und Schrecken versetzt und sie vergeblich zu sprechen wünscht, ist dieselbe Person, die ihr die Aufforderung in der Kutsche hat zukommen lassen, dass sie das Schmuckkästchen Cardillac zurückbringen soll. Bei seinem ersten Auftritt will er sich mithilfe der Scuderi von seinem Gewissenskonflikt befreien. Durch den zweiten Auftritt möchte

3.3 Aufbau

Ereignisse vor dem Mord an Cardillac
1. Fremder überbringt Schmuckkästchen.
3. Scuderi öffnet Schmuckkästchen.
4. Cardillac will Scuderi durch Schmuckgeschenk ehren: Scuderi verweigert Annahme.
5. Fremder fordert Rückgabe des Schmucks.

⇕

6. Mord an Cardillac
Scuderi will Schmuck zurückbringen, lässt sich von Madelon informieren und stellt sie unter ihren Schutz.

⇕

Ereignisse nach dem Mord an Cardillac
7. Einsatz der Scuderi für Brusson
8. Brussons Geständnis
9. Gnadengesuch beim König und Entscheidung

er die Scuderi vor einem Anschlag Cardillacs schützen. Als er des Mordes an Cardillac verdächtig wird, gibt er sich der Scuderi im Gespräch als ihr früheres Pflegekind zu erkennen. Ihr gegenüber kann er die Ereignisse umfassend darstellen. Nachdem der wahre Mörder Brussons Aussage bestätigt, setzt sich die Scuderi beim König für ihn ein. Dadurch kommt es im Ergebnis zu Brussons Freilassung.

3.3 Aufbau

Handlungsstränge

Hauptpersonen sind die Träger von Handlungssträngen

Der Aufbau des Textes lässt erkennen, dass darin drei Handlungsstränge miteinander verwoben sind, deren Träger die Hauptpersonen Scuderi, Cardillac und Brusson sind. Sie sind schwerpunktmäßig in den Abschnitten 6 bis 9 entfaltet, in den Anfängen aber in den Abschnitten davor schon gegenwärtig. Sie reichen sogar bis in die Vorgeschichte zurück und werden durch eine Rückblende eingeholt.

Scuderi-Handlung

Der Fremde hinterlässt den Bediensteten der Scuderi ein Kästchen. Als diese es am nächsten Morgen öffnet, findet sie darin Schmuck. Einem beigefügten Zettel zufolge ist er als Geschenk für zwei Verse gedacht. Sie fühlt sich verhöhnt und bringt das Kästchen empört zur Marquise de Maintenon, der Mätresse des Königs. Sie erkennt den Schmuck als Arbeit Cardillacs. Er nimmt den Schmuck nicht zurück, sondern überlässt ihn aus Verehrung der Scuderi. Sie lehnt es ab, den Schmuck zu tragen. Die Marquise de Maintenon verspottet sie als Goldschmiedsbraut.

Die Scuderi wird von einem Fremden aufgefordert, den Schmuck zu Cardillac zurückzubringen. Als sie ihn verspätet zurückbringt, erfährt sie von Madelon, dass ihr Vater Cardillac getötet und ihr Geliebter Brusson als Verdächtiger verhaftet wurde. Sie ist von dem Mädchen angetan und beschließt, ihm zu helfen, da sie von der Unschuld Brussons überzeugt ist. Sie führt viele Gespräche: mit la Regnie, mit Degrais und mit Brusson. Die Gespräche wecken in ihr Zweifel an Brusson Unschuld, der sich schließlich als ihr früheres Pflegekind zu erkennen gibt. Nur ihr gegenüber ist Brusson bereit, den Sachverhalt umfassend darzustellen. Er hat Cardillacs Doppelleben durchschaut und ist an seinem Tod unschuldig. Er befindet sich in einem Konflikt: Er möchte Cardillac, seinen Lehrherrn und

3.3 Aufbau

Vater Madelons, nicht belasten und Madelon nicht verlieren. Als Miossens Brussons Darstellung bestätigt, ist Scuderis innere Gewissheit wiederhergestellt; sie verwendet sich für ihn beim König. Sie kleidet sich auffällig in Schwarz und legt den Schmuck Cardillacs an. Bei ihrem Auftritt entfaltet sie ihre rhetorischen Fähigkeiten und beeindruckt den König. Er stellt weitere Untersuchungen an, ordnet schließlich Brussons Freilassung an und zahlt Madelon einen Brautschatz. Beide müssen jedoch Paris verlassen.

Cardillac-Handlung
Cardillac ist Goldschmied aus Leidenschaft. Die Marquise de Maintenon charakterisiert ihn und seine Arbeitsweise gegenüber der Scuderi. Er schafft einzigartige Kunstwerke, von denen er sich nicht trennen kann. Er identifiziert Schmuck, der ihm vorgelegt wird, als sein Werk und schenkt ihn aus Verehrung der Scuderi. Er wird ermordet.

Im Gespräch Brussons mit der Scuderi wird die Doppelexistenz Cardillacs enthüllt. Bei Tag ist er ein angesehener Bürger und herausragender Goldschmied, bei Nacht verübt er Mordanschläge, um seine Kunstwerke wiederzuerlangen. Durch vorgeburtlichen Einfluss wurde er zum Goldschmied, Dieb und Mörder. Er sieht einen bösen Stern über sich walten. Der Kauf eines Hauses mit einem geheimen Mauerdurchlass ermöglicht ihm, nachts unbemerkt auf die Straße zu gelangen.

Bei einem seiner Anschläge gerät er an Miossens, der ahnt, dass er als Mordopfer vorgesehen ist und deshalb dagegen gewappnet ist. Er kann sich wehren und tötet Cardillac in Notwehr. Cardillacs durch Mord wiedererlangten Werkstücke werden den Eigentümern zurückgegeben.

3.3 Aufbau

Brusson-Handlung

Als Fremder sucht er mehrfach die Scuderi auf. Er hinterlässt ihr nach einem nächtlichen Besuch bei ihren Bediensteten ein Schmuckkästchen und bahnt sich durch die Menschenmenge einen Weg zu ihr, als sie als Begleiterin in einer gläsernen Kutsche unterwegs ist. Er fordert sie auf, den Schmuck Cardillac zurückzubringen.

Brusson wird des Mordes an Cardillac verdächtigt und festgenommen. Nur der Scuderi gegenüber ist er bereit, den Sachverhalt umfassend darzustellen. Seinen Lehrherrn Cardillac hat er durchschaut. Er beschattet ihn bei seinem letzten Mordanschlag und wird Zeuge der Gegenwehr Miossens. Er trägt den sterbenden Cardillac in sein Haus. Aufgrund der Umstände wird Brusson für den Mörder gehalten und verhaftet. In Wirklichkeit ist er am Tod Cardillacs unschuldig.

Seit er Cardillacs Doppelleben durchschaut hat, befindet er sich in einem Konflikt. Er möchte Cardillac, seinen Lehrherrn und Vater Madelons, nicht belasten und Madelon nicht verlieren. Deshalb hat er mehrfach vergeblich die Hilfe der Scuderi gesucht. Nachdem er ihr alles offenbart hat und sich Miossens als Zeuge für seine Aussage gemeldet hat, setzen sich die Scuderi und Madelon beim König für ihn ein. Er kommt frei.

3.4 Personenkonstellation und Charakteristiken

Die Erzählung verknüpft drei Personen miteinander:
- → Die Scuderi wird durch Verse und ihr Verhalten in einen Mordfall hineingezogen. Sie gelangt zu der Überzeugung, dass der Beschuldigte das Verbrechen nicht begangen hat und setzt sich für ihn ein.
- → Der Goldschmied Cardillac wird ermordet. Es stellt sich heraus, dass er ein Doppelleben geführt hat. Bei Tag ist er ein begnadeter Künstler, bei Nacht ist er unterwegs, um durch Mord seine Werkstücke zurückzubekommen. Ein böser Stern bestimmt von Geburt an sein Schicksal. Durch ein Juwelenopfer versucht er, sein Schicksal zu wenden.
- → Olivier Brusson ist Lehrling bei Cardillac. Er kommt ihm auf die Schliche. Er wird Zeuge des Mordes an Cardillac und des Mordes bezichtigt. Er war früher Pflegekind der Scuderi; nur ihr enthüllt er den Hergang. Er ist an Cardillacs Mord unschuldig, aber er akzeptiert seine Schuld, die darin besteht, dass er, um seine Liebe zu Madelon, Cardillacs Tochter, zu schützen, seinen Lehrherrn nicht als Mörder den Behörden verraten hat. Durch den Einsatz der Scuderi kommt er schließlich frei.

Die Personen der Erzählung lassen sich zu Konstellationen zusammenfassen:
- → Scuderi und Cardillac
- → Frauen: Scuderi, Madelon – Maintenon, la Vallière
- → d'Andilly – Desgrais, la Regnie

ZUSAMMENFASSUNG

3.4 Personenkonstellation und Charakteristiken

Charakteristiken der Hauptfiguren

Übersichtliche Handlungsführung

In Hoffmanns Erzählung sind drei Handlungsstränge mit vielen Personen verknüpft. Dennoch bleibt die Handlungsführung übersichtlich, weil aufgrund der Bedeutung der Personen und ihres Vorkommens im Text deutlich zwischen Haupt- und Nebenfiguren unterschieden werden kann, zumal manche von ihnen nur in der Rückblende und in der Erzählung anderer Personen vorkommen.

In der folgenden Tabelle sind die Personen der Erzählung nach der Häufigkeit ihres Namens im Text geordnet. Dabei ist berücksichtigt, dass manche Personen auch unter anderen Bezeichnungen vorkommen, z. B. die Scuderi als Fräulein, Cardillac als Meister, Goldschmied oder Vater, Brusson als Olivier, Goldschmiedegeselle oder Jüngling.

NAME	VORKOMMEN IM TEXT
Scuderi	218
Cardillac	182
Brusson	139
Madelon	75
König	62
Desgrais	49
la Regnie	44
Martiniere	40
Maintenon	29
Baptiste	22
Anne Guiot	20
Miossens	18
d'Andilly	14
Sainte Croix	8

3.4 Personenkonstellation und Charakteristiken

NAME	VORKOMMEN IM TEXT
Brinvillier	7
la Valliere	5
Montansier	3

Magdaleine von Scuderi

Das Fräulein von Scuderi findet sich bereits im Titel der Erzählung. Ihr Name fällt häufiger im Text als jeder andere. Der erste Satz stellt sie als unverheiratete Adlige vor, die Verse schreibt und die Gunst des Königs und seiner Mätresse genießt. Sie ist 73 Jahre alt; ihr Haus in der Straße St. Honoré ist einer der Schauplätze der Erzählung. Hier setzt die Handlung ein. Später wird deutlich, dass sie durch ihr Epigramm und die zu spät versuchte Rückgabe des Schmuckkästchens das Geschehen angestoßen hat, in das sie hineingezogen wird.

Dichterin

Die Scuderi ist durch Stand und Dichtung ganz eine Dame der Gesellschaft. Sie hat unmittelbaren Zugang zu den Größen der Gesellschaft: zum König, zum Hofstaat und zu den Leitern von Polizei und Justiz. Ihre Dichtung dient der Unterhaltung der Hofgesellschaft. Sie findet dort durch Prägnanz und Esprit Anklang.

Der Salon der Marquise de Maintenon, der Mätresse des Königs, ist der Treffpunkt des Hofstaats. Er ist der Ort der geistreichen Konversation, der Galanterie. Hier werden auch die neuesten Verse vorgetragen.

Salon

Die Scuderi genießt hohes Ansehen. Wo sie auftritt, werden ihr Respekt und Verehrung entgegengebracht. Ihr Wesen wird durch Nomen wie Würde, Liebenswürdigkeit, Anmut, Gemüt, Herz, Scharfsinn, Gutmütigkeit sowie durch Adjektive wie fromm, furchtlos und edel beschrieben. Umso mehr kränkt es sie, dass ihr Epigramm als Unterstützung des Verbrechens missverstanden wird:

3.4 Personenkonstellation und Charakteristiken

„(...) ‚o der Kränkung, o der tiefen Beschämung! Muss mir das noch geschehen im hohen Alter! Hab ich denn im törichten Leichtsinn gefrevelt, wie ein junges, unbesonnenes Ding? – O Gott, sind Worte, halb im Scherz hingeworfen, solcher grässlichen Deutung fähig! – Darf dann mich, die ich der Tugend getreu und der Frömmigkeit tadellos blieb von Kindheit an, darf dann mich das Verbrechen des teuflischen Bündnisses zeihen?'" (HL S. 17 f./R S. 19 f.)

Goldschmieds-braut

Durch Vermittlung der Maintenon trifft die Scuderi den Goldschmied Cardillac, dessen Schmuck ihr zugedacht ist. Er besteht darauf, dass sie ihn behält, betont seine Verehrung für sie und entfernt sich hastig. Darüber erschrickt die Scuderi, während die Maintenon scherzt, indem sie das Fräulein als Goldschmiedsbraut bezeichnet. „‚Da haben wir's Fräulein, Meister René ist in Euch sterblich verliebt und beginnt nach richtigem Brauch und bewährter Sitte echter Galanterie Euer Herz zu bestürmen mit reichen Geschenken'" (HL S. 24/R S. 27).

Für die Scuderi hingegen hat Cardillacs Verhalten „(...) ‚etwas sonderbar Ängstliches und Unheimliches. Nicht erwehren kann ich mir einer dunklen Ahnung, dass hinter diesem allem irgendein grauenvolles, entsetzliches Geheimnis verborgen (...)'" (HL S. 24/R S. 28). Sie nimmt sich vor, den Schmuck nicht zu tragen. Sie unternimmt noch einen Versuch, sich von dem Schmuck zu trennen, aber sie kommt zu spät. Cardillac ist ermordet und Brusson verhaftet.

Unter dem Eindruck der Liebe Madelons zu Brusson setzt sich die Scuderi für ihn ein. Sie stellt Nachforschungen an, befragt die Leiter von Polizei und Justiz. Sie spricht mit Desgrais und la Regnie und lässt sich von d'Andilly beraten. Schließlich wendet sie sich an den König. Ihre hohe Stellung und die Achtung ermöglichen ihr den Zugang. Dabei erfährt sie, dass Brusson ihr Pflegekind ist

3.4 Personenkonstellation und Charakteristiken

und sie selbst tiefer in die Ereignisse einbezogen ist als sie geahnt hatte.

Außer der gesellschaftlichen Stellung ist ihre grundsätzliche Einstellung bei der Aufklärung wichtig. Die Scuderi möchte wissen, was geschehen ist. Sie nimmt das äußere Bild wahr, sie hört, was die Beteiligten sagen. Das Organ der Wahrheitssuche ist die innere Überzeugung, das tiefste Innere. Sie weiß, dass der äußere Schein trügen kann und dass unter der wahrnehmbaren Oberfläche des Menschen das Seelenleben wirksam ist. Sie geht davon aus, dass das Äußere des Menschen sein Inneres spiegelt. Sie ist aber auch bereit, darunter ein Geheimnis zu suchen. Geheimnisse ahnt sie überall, wo innere Anschauung und äußerer Schein auseinanderklaffen. Geheimnisse vermutet sie bei Cardillac und Brusson:

Innere Überzeugung

„Es war ihr, als müsse sie der höheren Macht gehorchen, die den Aufschluss irgendeines entsetzlichen Geheimnisses von ihr verlange, als könne sie sich nicht mehr den wunderbaren Verschlingungen entziehen, in die sie willenlos geraten."(HL S. 36/ R S. 44)

Je mehr sie hineingerät, desto weniger geht es um Schuld oder Unschuld: „Sie ehrte des Jünglings Heldensinn, der lieber schuldbeladen sterben, als ein Geheimnis verraten wollte, das seiner Madelon den Tod bringen musste." (HL S. 52/R S. 63) Die Scuderi vertritt das Gute. Sie selbst ist gut, wird vom Guten angezogen und kämpft für das Gute. Sie fordert la Regnie auf, menschlich zu sein (vgl. HL S. 33/R S. 39). Schließlich wendet sie sich an den König. Schwarz gekleidet und mit Cardillacs Schmuck tritt sie vor ihn. Er erkennt die Anspielung. „Seht Frau Marquise, wie unsere schöne Braut um ihren Bräutigam trauert." (HL S. 57/R S. 70) Den Scherz fortführend, verweist sie auf ihren Witwenstatus und ist mitten in ihrer beredten

Kampf für das Gute

3.4 Personenkonstellation und Charakteristiken

Darstellung des Falls, die durch eigene Teilnahme und Betroffenheit umso glaubwürdiger ist. Die Darstellung der Scuderi bewegt den König. Er ist „(…) hingerissen von der Gewalt des lebendigsten Lebens, das in der Scuderi Rede glühte (…)" (HL S. 57/R S. 70).

Die Maintenon sagt angesichts der Ähnlichkeit Madelons mit einer früheren Mätresse des Königs zur Scuderi, sie habe ihr Spiel gewonnen (vgl. HL S. 58/R S. 72). Aber für die Scuderi ist das Gnadengesuch kein Spiel, kein intellektueller Scherz. Ihre innere Überzeugung gibt ihrem Vortrag Gestalt. Bei der Mitteilung seiner Entscheidung lobt der König die Beredsamkeit der Scuderi. Ihre Rhetorik steht nicht mehr im Dienst eines gesellschaftlichen Verhaltens, sondern ist Ausdruck eines echten inneren Zustands im Dienst von Wahrheit und Liebe.

René Cardillac
Die Person Cardillacs hat viele widersprüchliche Aspekte:
→ Als Goldschmied ist Cardillac zugleich Handwerker und Künstler. Er schafft vollendete Kunstwerke. Als Künstler wird er über alle Maßen hervorgehoben.
→ Die Beschreibung lässt anklingen, dass er eine widersprüchliche Persönlichkeit ist, doch der Erzähler verbürgt sich für ihn, indem er ihn als „Ehrenmann" (HL S. 19/R S. 22) bezeichnet.
→ Cardillac ist von seinem Beruf besessen. Er macht sich bei jedem Auftrag „mit brennender Begierde" (HL S. 20/R S. 22) ans Werk und fertigt zu einem günstigen Preis. Aber er behandelt seine Auftraggeber aggressiv und kann sich nicht von seinen Werkstücken trennen; für manche Kunden arbeitet er überhaupt nicht. Verhalten und Eigensinn werden ihm als Sturheit ausgelegt, die er sich als hervorragender Künstler herausnimmt. Er wird als Sonderling betrachtet.

3.4 Personenkonstellation und Charakteristiken

→ Cardillac wird als Künstler gepriesen, als Bürger hingegen tritt er kaum in Erscheinung. Er hat eine Tochter und Olivier als Lehrling in seine Werkstatt aufgenommen. Darüber hinaus hat er keine Kontakte. In gesellschaftlicher Hinsicht ist er ein Außenseiter.

→ Cardillacs Verhalten befremdet die Scuderi. Er überlässt ihr den Schmuck aus Verehrung und macht sich überstürzt davon. Die äußere Bewegung spiegelt die innere Bewegtheit. Die Scuderi ahnt dahinter ein Geheimnis.

Ursprung und Entwicklung der Charakterzüge Cardillacs, die am Anfang der Erzählung in der Begegnung der beiden Frauen mit ihm aufscheinen, werden nach seinem Tod deutlich. Sein Lehrling Olivier Brusson ist seinem Doppelleben auf die Spur gekommen. Er schildert der Scuderi „die Geheimnisse des verruchtesten und zugleich unglücklichsten aller Menschen" (HL S. 44/R S. 53). Cardillacs Schicksal steht unter einem bösen Stern. Er kämpft gegen sein Schicksal an, das durch ein Ereignis vor seiner Geburt geprägt ist. Seine Mutter erlag im ersten Monat der Schwangerschaft bei einem Fest des Hofes der Werbung eines mit Juwelen geschmückten spanischen Kavaliers:

Doppelleben

> „Ihr ganzes Wesen war Begierde nach den funkelnden Steinen, die ihr ein überirdisches Gut dünkten. Derselbe Kavalier hatte vor mehreren Jahren, als meine Mutter noch nicht verheiratet, ihrer Tugend nachgestellt, war aber mit Abscheu zurückgewiesen worden. Meine Mutter erkannte ihn wieder, aber jetzt war es ihr, als sei er im Glanz der strahlenden Diamanten ein Wesen höherer Art, der Inbegriff aller Schönheit." (HL S. 45/R S. 55)

3.4 Personenkonstellation und Charakteristiken

Mit der Mutter in seinen Armen stirbt der Liebhaber, als sie nach den Juwelen greift. Sie durchlebt Schock, Krankenlager und Niederkunft:

> „Aber die Schrecken jenes fürchterlichen Augenblicks hatten *mich* getroffen. Mein böser Stern war aufgegangen und hatte den Funken hinabgeschossen, der in mir eine der seltsamsten und verderblichsten Leidenschaften entzündet." (HL S. 45/R S. 55)

Faszination durch Gold und Edelsteine

Gold und Juwelen faszinieren Cardillac seit früher Kindheit. Er wird zum Juwelendieb, erlernt das Handwerk des Goldschmieds. Er tut alles, um in ihren Besitz zu kommen. Der Trieb, anfangs unterdrückt, wird schließlich übermächtig:

> „Nun begann eine Periode, in der der angeborne Trieb, so lange niedergedrückt, mit Gewalt empordrang und mit Macht wuchs, alles um sich her wegzehrend. Sowie ich ein Geschmeide gefertigt und abgeliefert, fiel ich in eine Unruhe, in eine Trostlosigkeit, die mir Schlaf, Gesundheit – Lebensmut raubte."(HL S. 46/ R S. 56)

Sein Trieb macht Cardillac zum Juwelendieb und Mörder. Er sucht nach Wegen, den „bösen Stern" zu überwinden. Er fürchtet um sein Seelenheil. „In solcher Stimmung beschloss ich, für die heilige Jungfrau in der Kirche St. Eustache eine schöne Diamantenkrone zu fertigen" (HL S. 49/R S. 60). Aber seine „unbegreifliche Angst" (HL S. 49/R S. 60) hindert ihn daran. Als er von den Versen der Scuderi hört, sieht er eine neue Möglichkeit. Er ist überzeugt, dass sie „(...) mit solch hoher Tugend begabt, vor der der böse Stern kraftlos erbleiche, selbst den schönsten von ihm gefertigten Schmuck tragend, niemals ein böses Gespenst, Mordgedanken in

3.4 Personenkonstellation und Charakteristiken

Szene aus Paul Hindemiths Cardillac. Nationaltheater München 1965, © ullstein bild – Keystone

ihm erregen" (HL S. 48/R S. 59) würde. Daher schickt er Brusson mit einem Schmuckkästchen zu ihr. Dieser will den Auftrag nutzen, um sich selbst aus seiner Lage zu befreien, aber er gelangt nicht zum Fräulein. Die Scuderi verweigert die Annahme des Schmucks.

Zweimal will Cardillac durch ein Juwelenopfer von seiner Mordlust befreit werden. Er sucht die Fürsprache der Scuderi:

Juwelenopfer

> „Jetzt ist es mir, als wenn ich der Tugend und Frömmigkeit selbst demutsvoll ein Opfer bringe und wirksame Fürsprache erflehe, indem ich der Scuderi den schönsten Schmuck sende, den ich jemals gearbeitet." (HL S. 49/R S. 60)

3.4 Personenkonstellation und Charakteristiken

Scuderi verkennt Cardillacs Opfer

Die Scuderi verkennt den Kern von Cardillacs Juwelenopfer. Das Epigramm ist für sie nur eine scherzhafte Äußerung, für das Amüsement im Salon bestimmt. Die Rückgabe der Juwelen kommt zu spät, weil gesellschaftliche Verpflichtungen für sie wichtiger sind. Cardillac ist ermordet, als sie schließlich kommt. Durch Brussons umfassende Schilderung, Miossens Aussage, d'Andillys Rat und die Entscheidung des Königs wird der Mord aufgeklärt; Brusson kommt frei.

Rückgabe des Schmucks an ihre Besitzer

Nach einer Bekanntmachung erhalten die Eigentümer ihre Juwelen zurück. Dadurch wird Cardillacs Wille nicht wirksam. Er wollte Brusson am Tag der Hochzeit mit seiner Tochter Madelon einen Eid ablegen lassen, „(...) alle diese Reichtümer in Staub zu vernichten, durch Mittel, die ich dir dann bekanntmachen werde." (HL S. 47/R S. 58) Dadurch will er verhindern, „(...) dass irgendein menschlich Wesen, und am wenigsten Madelon und du, in den Besitz des mit Blut erkauften Horts komme." (HL S. 47 f./R S. 58)

Vergebung für Cardillac

Zwar wäre die Rückgabe der Schmuckstücke an die Eigentümer aufgrund von Notizen auch möglich gewesen, aber durch die Mitteilung, „(...) dass ein reuiger Sünder unter dem Siegel der Beichte, der Kirche einen reichen geraubten Schatz an Juwelen und Geschmeide übergeben" (HL S. 61/R S. 75) habe, wird Cardillac vergeben. Die Schmuckstücke, die nicht zugeordnet werden können, fallen der Kirche St. Eustache zu, deren Madonna Cardillac eine Diamantenkrone hat schaffen wollen. Außerdem wird das Glück von Brusson und Madelon gewahrt, zumal sie auf Anweisung des Königs Paris verlassen müssen.

Olivier Brusson

Brusson wird verhaftet und des Mordes an Cardillac beschuldigt. Er bestreitet die Tat. Nur gegenüber der Scuderi ist er zu einer

3.4 Personenkonstellation und Charakteristiken

ausführlichen Aussage bereit. Ihr legt er das Geschehen und seinen Hintergrund dar.

Als Lehrling bei Cardillac kam er hinter dessen Doppelleben. Er beschattete ihn bei seinen nächtlichen Streifzügen und war deshalb am Tatort, als Cardillac einen Kavalier überfiel, um dessen Schmuck zu rauben. Der Anschlag schlug fehl; Cardillac wurde selbst zum Opfer. Brusson konnte den Anschlag nicht verhindern. Um zu helfen, trug er den sterbenden Cardillac nach Hause, wo er starb.

Entdeckung von Cardillacs Doppelleben

Die Entdeckung von Cardillacs Nachtseite und die Liebe zu Madelon, der Tochter seines Dienstherrn, bringen Olivier in einen Konflikt. Er befürchtet, Madelons Liebe zu verlieren, wenn er die Untaten ihres Vaters enthüllt. Brusson erkennt seine Schuld an, die aber nicht im Mord an Cardillac liegt:

Schuldanerkenntnis

> „Ihr seht, mein würdiges Fräulein, dass mein einziges Verbrechen nur darin besteht, dass ich Madelons Vater nicht den Gerichten verriet und so seinen Untaten ein Ende machte. Rein bin ich von jeder Blutschuld. – Keine Marter wird mir das Geheimnis von Cardillacs Untaten abzwingen. Ich will nicht, dass der ewigen Macht, die der tugendhaften Tochter des Vaters grässliche Blutschuld verschleierte, zum Trotz, das ganze Elend der Vergangenheit, ihres ganzen Seins noch jetzt tötend auf sie einbreche, dass noch jetzt die weltliche Rache den Leichnam aufwühle aus der Erde, die ihn deckt, dass noch jetzt der Henker die vermoderten Gebeine mit Schande brandmarke. – Nein! – mich wird die Geliebte meiner Seele beweinen als den unschuldig Gefallenen, die Zeit wird ihren Schmerz lindern, aber unüberwindlich würde der Jammer sein über des geliebten Vaters entsetzliche Taten der Hölle!" (HL S. 51/R S. 62)

3.4 Personenkonstellation und Charakteristiken

Brusson sucht die Hilfe der Scuderi

Versuche, sich aus dieser Lage zu befreien, misslingen. Zweimal hat er versucht, sich der Hilfe der Scuderi zu vergewissern. Beim ersten Mal gelangte er nur bis zu ihren Bediensteten, wo er das Schmuckkästchen zurückließ. Beim zweiten Mal konnte er ihr beim Ausflug in der gläsernen Kutsche eine Warnung zukommen lassen, aber sie versäumte die rechtzeitige Rückgabe des Schmucks an Cardillac. Brusson sucht die Gunst der Scuderi und vertraut auf ihre Fürsprache. Er gibt sich als ihr früheres Pflegekind zu erkennen. Brussons Bekenntnis verändert die Einstellung der Scuderi. Es geht nicht mehr um Schuld oder Unschuld: „Sie ehrte des Jünglings Heldensinn, der lieber schuldbeladen sterben, als ein Geheimnis verraten wollte, das seiner Madelon den Tod bringen musste." (HL S. 52/R S. 63)

Brusson wird von Anfang eindeutig charakterisiert. Die ihm zugeschriebene Tat ist unbegreiflich:

> „Die Hausleute, die Nachbaren rühmten einstimmig den Olivier als das Muster eines sittigen, frommen, treuen, fleißigen Betragens, niemand wusste Böses von ihm, und doch, war von der grässlichen Tat die Rede, zuckte jeder die Achseln und meinte, darin liege etwas Unbegreifliches." (HL S. 29/R S. 35)

Brusson werden gute Charaktereigenschaften zugeschrieben: Er ist tugendhaft, treu, fleißig, geschickt; sein Verhalten ist fromm, sittlich und heldenhaft.

Madelon

Madelon, Cardillacs Tochter, und Olivier sind einander in Liebe verbunden. Sie betont seine Unschuld. Seine Festnahme stürzt sie in tiefes Leid. Sie „(…) ruft mit dem Ton des entsetzlichsten, schneidendsten Todesschmerzes: ‚Er ist ja unschuldig! – er ist unschul-

3.4 Personenkonstellation und Charakteristiken

dig!'" (HL S. 27/R S. 32) Die Scuderi stellt sie unter ihren Schutz, um sie dem Zugriff der Polizei zu entziehen, die sie für eine Komplizin Brussons hält. Für sie ist Madelon ein Engel. „Tief bewegt, Tränen in den Augen, blickte die Scuderi den unschuldsvollen Engel an, ihr graute vor Desgrais und seinen Gesellen." (HL S. 28/R S. 33) Für Brusson ist Madelon ein reines, göttliches Wesen („das fromme, engelsreine Kind"; „mit abgöttlicher Liebe", HL S. 44/R S. 53). Madelons Vertrauen zu Olivier ist ungebrochen. Es beeinflusst die Überzeugung und Tatkraft der Scuderi:

> „Aber Madelons unbedingtes, frommes kindliches Vertrauen, die Verklärung, mit der sie von dem Geliebten sprach, der nun bald, freigesprochen von jeder Schuld, sie als Gattin umarmen werde, richtete die Scuderi in eben dem Grad wieder auf, als sie davon bis tief ins Herz gerührt wurde." (HL S. 52/R S. 64)

Desgrais

Desgrais ist leitender Polizeioffizier. Bei der Aufklärung der Giftmorde in Paris erweist er sich als listenreich und verschlagen. Er entdeckt die „geheimsten Schlupfwinkel des Verbrechens" (HL S. 11/R S. 11). Mit Eifer und Verbissenheit waltet er seines Amtes. Dabei nutzt er auch Lug und Trug, indem er einen Liebhaber spielt, um die Giftmörderin Brinvillier festzunehmen. Er hat sogar für Ermittlungszwecke den Einfall, sich selbst zu vervielfältigen:

> „Desgrais besann sich auf das Kunststück, mehrere Desgrais zu schaffen, sich untereinander so ähnlich an Gang, Stellung, Sprache, Figur, Gesicht, dass selbst die Häscher nicht wussten, wo der rechte Desgrais stecke." (HL S. 13/R S. 14)

3.4 Personenkonstellation und Charakteristiken

Wenn sein Einsatz nicht zum Ziel führt, empfindet er Wut und Verzweiflung: „Desgrais schäumte vor Wut, dass selbst seiner List die Spitzbuben zu entgehen wussten." (HL S. 13/R S. 14)

Schadenfreude

Er ist auch für die Untersuchung der Juwelenmorde, die einer Bande zugeschrieben werden, zuständig. Bei der Festnahme Brussons bezeichnet er Madelon als seine Mitwisserin und wirft „einen tückischen, schadenfrohen Blick" (HL S. 28/R S. 32) auf sie. Selbst die Scuderi erbebt davor und stellt sie unter ihren Schutz. Desgrais verbreitet Angst und Entsetzen. Auch der Scuderi graust vor ihm. Bei ihren Nachforschungen spricht sie oft mit ihm. Er behandelt sie höflich und ehrerbietig, aber auch mit „einem feinen Lächeln" (HL S. 36/R S. 43), mit dem er ihre Aufforderung an la Regnie, menschlich zu sein, ironisch kommentiert.

La Regnie

Chambre ardente

La Regnie ist Präsident eines Sondergerichts, das zur Bekämpfung der Giftmorde eingerichtet wurde, der gefürchteten Chambre ardente. Aussehen, Wesen und Amtsführung passen zusammen. Er ist „von garstigem Ansehen und heimtückischem Wesen" (HL S. 12/R S. 12), und „blinder Eifer" (HL S. 12/R S. 12) bestimmt sein dienstliches Handeln. Angesichts seines Misserfolgs tobt er („vergebens wütete la Regnie", HL S. 13/R S. 13) und greift zu Willkür („Gewaltstreiche", „Grausamkeiten", HL S. 12/R S. 12 und erpressten Geständnissen, vgl. HL S. 13/R S. 13).

Vergleich mit dem Teufel

Er wird gehasst und sogar mit dem Teufel verglichen. „Die Herzogin von Bouillon, von ihm im Verhör gefragt, ob sie den Teufel gesehen habe, erwiderte: ‚Mich dünkt, ich sehe ihn in diesem Augenblick!'" (HL S. 12/R S. 12)

Die Justiz dient nicht mehr der Gerechtigkeit, sondern sie hat sich verselbstständigt, und selbst der König bedauert, dass das Gericht zu mächtig ist. Um die Einrichtung eines neuen Sondergerichts mit

3.4 Personenkonstellation und Charakteristiken

noch größeren Vollmachten zur Bekämpfung der Juwelenmorde gebeten, ist der König „überzeugt, schon der Chambre ardente zu viel Gewalt gegeben zu haben" (HL S. 15/R S. 16). Er ist „erschüttert von dem Greuel unzähliger Hinrichtungen, die der blutgierige la Regnie veranlasst" (HL S. 15/R S. 16) hat. Das Gericht wird mit der Inquisition verglichen:

> „Das Tribunal nahm ganz den Charakter der Inquisition an, der geringfügigste Verdacht reichte hin zu strenger Einkerkerung, und oft war es dem Zufall überlassen, die Unschuld des auf den Tod Angeklagten darzutun." (HL S. 12/R S. 12)

La Regnie empfängt die Scuderi mit Hochachtung. Sie versucht, „ihn auf alle Umstände, die für Oliviers Unschuld sprechen mussten, aufmerksam zu machen, und so vielleicht in des Präsidenten Seele eine innere, dem Angeklagten günstige Überzeugung zu erwecken" (HL S. 30/R S. 36). Doch dafür ist er nicht zugänglich. Nur ein „feines, beinahe hämisches Lächeln" (HL S. 30/R S. 36) ist seine Reaktion auf die Bitte, alle Umstände – auch diejenigen, die für den Angeklagten sprechen – in Betracht zu ziehen. Der Scuderi graut vor ihm. „Es war ihr, als könne vor diesem schrecklichen Manne keine Treue, keine Tugend bestehen (…)." (HL S. 30/R S. 39)

Sie appelliert an ihn („Seid menschlich", HL S. 33/R S. 39) und bittet darum, ihren Schützling sprechen zu können. Kälte und Hochmut sprechen aus la Regnies Reaktion. Er „schaute sie mit bedenklicher Miene an, dann verzog sich sein Gesicht in jenes widrige Lächeln, das ihm eigen." (HL S. 33/R S. 39) Er hält die Bitte der Scuderi für den Ausdruck von Gefühl und innerer Stimme (vgl. HL S. 33/R S. 39) und erlaubt ihr mit selbstbewusster Großzügigkeit den Besuch bei Brusson.

Scuderi appelliert an la Regnies Menschlichkeit

3.4 Personenkonstellation und Charakteristiken

Personenkonstellationen
Mithilfe der Charakteristiken lassen sich die Personen gruppieren. Die Nebenfiguren werden dabei einbezogen.

Scuderi und Cardillac

Gesellschaftliche Stellung

Die Scuderi und Cardillac sind gegensätzliche Personen. Sie steht mitten in der Gesellschaft, ist angesehen und hat Umgang mit vielen Personen. Sie hat Bedienstete, setzt sich für Olivier und Madelon ein, spricht mit der Marquise de Maintenon, mit Desgrais und la Regnie; sie berät sich mit d'Andilly und bittet schließlich den König um Gnade für ihre Schützlinge.

Der Schmuck Cardillacs hat ihr den Spottnamen „Goldschmiedsbraut" eingebracht. Cardillac hingegen ist ein Außenseiter. Er lebt zurückgezogen und ist nur mit Olivier und seiner Tochter Madelon zusammen.

Zweideutigkeit

Er ist die einzige Person, die zweideutig angelegt ist. Er führt ein Doppelleben. Bei Tag gilt er in der Gesellschaft als tugendhafter Ehrenmann, bei Nacht verübt er Morde, um sich seine Werkstücke zurückzuholen. Beide sind Künstler. Cardillac ist als Goldschmied Handwerker und steht unter dem Einfluss eines „bösen Sterns". Wenn er ein Kunstwerk abgibt, gibt er sich selbst auf. Durch Opfer und Blut versucht er, davon abzukommen. Er möchte die Scuderi als Fürsprecherin gewinnen.

Dichterin

Die Scuderi ist Dichterin. Durch ihr Epigramm ist sie in das Geschehen einbezogen. Ihre Dichtung ist gesellschaftlich-repräsentativer Art. Am Ende der Erzählung nutzt sie ihre rhetorischen Fähigkeiten im Einsatz für ihren Schützling. Sogar der König ist davon beeindruckt.

3.4 Personenkonstellation und Charakteristiken

Das Gute und das Böse

In der Erzählung stehen das Gute und das Böse miteinander im Kampf. Auf der Seite des Guten steht die tugendhafte Scuderi mit ihrem hohen gesellschaftlichen Ansehen. Sie verkehrt in den höchsten Kreisen, hat Zugang zu den Leitern von Polizei und Justiz und sogar zum König. Sie alle behandeln sie mit großem Respekt; ihr Auftreten ist würdevoll. Cardillac und Olivier suchen ihre Fürsprache und Hilfe.

Ihre Bediensteten Martiniere und Baptiste sind in Treue ergeben an ihrer Seite und sogar bereit, für das Fräulein ihr Leben zu geben. — Treue

Das engelhafte Wesen Madelons bewegt die Scuderi. Sie ist unbeirrbar von der Unschuld Oliviers überzeugt und stärkt die innere Gewissheit der Scuderi. — Engelhaftes Wesen

Olivier will nur der Scuderi gegenüber umfassend und rückhaltlos aussagen. Er ist ihr früheres Pflegekind. Ihr beichtet er seine Schuld. In Kenntnis aller Umstände des Mordes ist sie vom heldenhaften Verhalten Brussons überzeugt. Mit seinen Charaktereigenschaften (tugendhaft, treu, fleißig) und seinem Verhalten (fromm, sittlich, heldenhaft) ist er der vollkommene Ehemann für Madelon. — Heldenhaftes Verhalten

Das Böse wird durch Desgrais und la Regnie vertreten. An beide wendet sich die Scuderi, um sich für Olivier einzusetzen. Beide entscheiden über sein Schicksal. Desgrais hat ihn festgenommen; la Regnie will ein Geständnis erzwingen. Sie behandeln die Scuderi mit dem ihr zustehenden Respekt, aber auch mit herablassender Distanz, die sich in Rede und Mimik zeigt.

Beide verbreiten Angst und Schrecken. Sie üben mit den Mitteln, die ihnen ihre Ämter geben, eine Willkürherrschaft aus. Sie werden mit ihren Entscheidungen und Taten mit Adjektiven wie schrecklich, entsetzlich, grausam, hämisch, hinterlistig, garstig deutlich negativ charakterisiert. Die Bewertung bezieht sich bei Degrais stärker auf — Angst und Schrecken

3.4 Personenkonstellation und Charakteristiken

die Person, während sie bei la Regnie eher auf Machtbesessenheit hinweist.

Scuderi, Madelon – Maintenon, la Valliere

Scuderi und Madelon

Gegensätze bestehen bei den Frauenfiguren. Als die Scuderi zu Cardillacs Haus kommt, um den Schmuck zurückzubringen, sieht sie Madelon mit Degrais. Madelon beteuert Oliviers Unschuld. Sie wird mit Gewalt fortgerissen, weggetragen und fallen gelassen. Ohnmächtig liegt sie auf der Straße. Die Scuderi blickt „den unschuldsvollen Engel" (HL S. 28/R S. 33) an; ihr graut vor Desgrais. Cardillacs Leichnam wird weggebracht, die Scuderi stellt Madelon unter ihren Schutz; Frauen heben sie auf und tragen sie zur Kutsche.

Die Szene erinnert daran, wie Brusson den tödlich verletzten Cardillac nach Hause trägt. Für die Rettung Cardillacs kommt die Scuderi zu spät, für Madelon kommt sie gerade rechtzeitig. Für sie und Olivier ist Madelon ein Engel. Die Vornamen der beiden Frauen ähneln sich: Magdaleine und Madelon.

Maintenon und la Valliere

Die beiden Frauen bitten den König um Gnade für Olivier. Maintenon, die Mätresse des Königs, bemerkt, dass Madelon ihrer Vorgängerin beim König ähnlich sieht. „Sieht sie nicht der la Valliere ähnlich auf ein Haar, das kleine Ding? – Der König schwelgt in den süßesten Erinnerungen. Euer Spiel ist gewonnen." (HL S. 58/R S. 72) Sie gibt vor, auf der Seite der Scuderi zu stehen, aber in Wirklichkeit sagt sie es so, dass der König es hören kann. Mit „sonderbarem Lächeln" (HL S. 59/R S. 73) gibt sie ihr Unbehagen zu erkennen. Eifersucht und Rivalität plagen sie.

Die Scuderi und Madelon einerseits sowie die Maintenon und la Valliere andererseits bilden Gegensätze. Weitere Frauen in Nebenrollen können zum Vergleich hinzugezogen werden, zum Beispiel Cardillacs Mutter, Anne Guiot und die Brinvillier.

3.4 Personenkonstellation und Charakteristiken

D'Andilly, Desgrais, la Regnie

D'Andilly, Desgrais und la Regnie lassen sich zu einer Gruppe zusammenfassen.

D'Andilly ist der berühmteste Rechtsanwalt. Er wird durch Wissenschaft, Verstand, Rechtschaffenheit und Tugend charakterisiert. Er berät die Scuderi, sodass ihr Einsatz erfolgreich ist: Brusson kommt frei. Der König ist von ihr beeindruckt: „Fräulein, Ihr solltet Parlamentsadvokat sein und meine Rechtshändel ausfechten, denn, beim heiligen Dionys, Eurer Beredsamkeit widersteht niemand auf Erden." (HL S. 60/R S. 74) D'Andilly hat einen Anteil daran. Die Nähe von Gerichtsrede und dichterischer Rede hat den Vortrag der Scuderi vor dem König unterstützt.

D'Andilly

Der König fügt hinzu: „Doch (…) wen die Tugend selbst in Schutz nimmt, mag der nicht sicher sein vor jeder bösen Anklage, vor der Chambre ardente und allen Gerichtshöfen in der Welt!" (HL S. 60/R S. 74) Damit bezieht er sich auf das Wirken von Desgrais und la Regnie. Beide verfügen, wie d'Andilly, über logisches Denken, aber ihnen fehlt, was jenen auszeichnet: Rechtschaffenheit und Tugend. Sie nutzen das Recht gegen die Menschen, schaffen Unrecht und Willkür.

Defizite von Desgrais und la Regnie

3.5 Sachliche und sprachliche Erläuterungen

HL S. 3 R S. 1	Fräulein	unverheiratete adlige Frau
	Zeitalter Ludwigs des Vierzehnten	Ludwig XIV., französischer König („Sonnenkönig"), absolutistischer Herrscher (1643–1715)
HL S. 5 R S. 3	Straße St. Honoré	Straße in der Nähe des Louvre
	Scuderi	Madeleine de Scudéry (1607–1701), Schriftstellerin; sie verfasste heroisch-galante Heldenromane.
	vorstellte	hier: darstellen, Aufgaben wahrnehmen
	Kammerfrau	hier: Bedienstete
	Meuter	Aufrührer, Diebesbande
HL S. 6 R S. 4	Clelia	„Clélie", Roman in zehn Bänden von Madeleine de Scudéry, erschienen zwischen 1654 und 1660.
	Maintenon	Françoise d'Aubigné, Marquise de Maintenon (1635–1719); Mätresse, später Ehefrau Ludwigs XIV.
HL S. 6 R S. 5	Hülfe	Hilfe
	Stilett	kleiner Dolch
	Brustlatz	Bruststück an einem Kleidungsstück
HL S. 7 R S. 6	Greveplatz	öffentliche Hinrichtungsstätte
	Spießgesellen	Verbrecher, Komplizen
	Marechaussee	berittene Polizei zur Zeit Ludwigs XIV.
HL S. 8 R S. 7	Patrouille	Polizeistreife
	Reuter	Reiter

3.5 Sachliche und sprachliche Erläuterungen

HL S. 8 R S. 8	**Wer steht uns dafür**	für etwas stehen = bürgen, Gewähr leisten
	erwägten	schwache Vergangenheitsform von „erwägen"; heute: erwogen
HL S. 9 R S. 8	**Glaser**	Christoph Glaser, Hofapotheker, war in den Giftmordprozess der Brinvillier verwickelt.
	mit alchymistischen Versuchen	Alchemie; seit der Antike bis ins 17./18. Jahrhundert betriebene Form der Naturphilosophie; Ziel ist die Umwandlung der Materie (Gold, Edelmetalle).
	Stein der Weisen	Mittel für die Umwandlung, Universalmedizin; das Auffinden des Steins der Weisen ist das Ziel der Alchemie, das „Große Werk".
	Exili	Italienischer Alchemist; war in den Giftmordprozess der Brinvillier verwickelt.
	Bastille	Stadttorburg in Paris; wurde als Gefängnis genutzt.
HL S. 9 R S. 9	**Godin de Sainte Croix**	Jean Baptiste de Sainte-Croix, Komplize der Brinvillier
	Marquise de Brinvillier	Marie Madeleine Marquise de Brinvilliers, Giftmörderin; wurde 1676 hingerichtet.
	Dreux d'Aubray	Vater der Brinvillier, Richter
HL S. 10 R S. 9	**Hotel Dieu**	Krankenhaus in Paris
HL S. 10 R S. 10	**poudre de succession**	Erbschaftspulver
	Phiole	birnenförmiges Fläschchen
	Liebeshandel	hier: Angelegenheit
	Häscher	Gerichtsdiener, Scherge, Verfolger
HL S. 11 R S. 11	**Chambre ardente**	„Brennende Kammer"; Sondergericht, 1680 von Ludwig XIV. zur Aufklärung der Giftmorde eingerichtet; benannt nach der Beleuchtung durch Fackeln.

3.5 Sachliche und sprachliche Erläuterungen

HL S. 12 R S. 12	**Pair**	hoher Adliger
	Tribunal	Gerichtshof
	Louvois	François Michel le Tellier, Marquis de Louvois (1641–1691), ab 1666 Kriegsminister unter Ludwig XIV.
	Inquisition	mittelalterliches und frühneuzeitliches Gericht der katholischen Kirche gegen Abtrünnige
HL S. 12 R S. 13	**Wetterstrahl**	Blitz
	Argenson	Marc René de Paulmy, Marquis d'Argenson, Polizeichef in Paris
HL S. 13 R S. 14	**Louvre**	Stadtschloss, Sitz des Königs, später von Versailles abgelöst.
HL S. 14 R S. 15	**Geisterseher**	Fantast, Magier
HL S. 15 R S. 16	**Galanterie**	Höflichkeit, Ritterlichkeit
HL S. 15 R S. 17	**Herkules**	Mythologische Figur; vernichtete die Hydra.
	Theseus	Sagengestalt; vernichtete den Minotaurus.
HL S. 16 R S. 17	**Panegyrikus**	Lobgedicht
	zustande gekommen	beenden, zu Ende kommen
HL S. 16 R S. 18	**Supplik**	Bittschrift
	Un amant qui craint les voleurs n'est point digne d'amour.	Ein Liebhaber, der die Diebe fürchtet, ist der Liebe nicht würdig.

3.5 Sachliche und sprachliche Erläuterungen

	Dionys	Dionysius; St. Denis: Stadtheiliger von Paris; Märtyrertod auf dem Montmartre um 270 n. Chr.
HL S. 17 R S. 19	**die eitle Montespan**	Françoise Athénais Marquise de Montespan (1641–1707), Geliebte Ludwigs XIV.
HL S. 19 R S. 21	**Tragsessel**	Sänfte
HL S. 20 R S. 23	**Louis**	Münze
	bedungenen	aushandeln, abmachen
HL S. 21 R S. 24	**Kneipzangen**	Kneifzangen
	Enthusiasmus	Begeisterung, Überschwang
	Emblemen	Emblem, Sinnbild
	Racine	Jean Racine (1639–1699), Dichter, von der Maintenon gefördert.
HL S. 22 R S. 25	**Meister Sonderling**	Einzelgänger, Außenseiter
	frug	fragte
HL S. 23 R S. 26	**Marquise de Fontange**	Marie Angélique de Scoraille de Roussille, Duchesse de Fontanges (1661–1681), Geliebte Ludwigs XIV.
HL S. 24 R S. 28	**Kick-in-die-Welt**	unerfahrenes Kind
HL S. 25 R S. 29	**Boileau Despreux**	Nicolas Boileau-Despreux (1636–1711), Literaturkritiker und Satiriker
	Herzogin von Montansier	Richtiger Name: Montausier; heiratete den Offizier und Erzieher des späteren Königs Ludwig XV., Charles de Sainte-Maure, Duc de Montausier.
	Pontneuf	Pont Neuf; Brücke über die Seine

3.5 Sachliche und sprachliche Erläuterungen

	Schlag des Wagens	Tür der Kutsche
	Schnur	Schnur für die Weitergabe von Kommandos an den Kutscher
HL S. 26 R S. 30	**Talisman**	Glücksbringer
HL S. 26 R S. 31	**la Chapelle**	Jean de la Chapelle (gestorben 1723), Dramatiker; orientierte sich in seinen Werken an Racine.
	Perrault	Claude Perrault (1613–1688), Arzt und Architekt; schuf die Fassade des Louvre.
HL S. 27 R S. 32	**auseinanderstäubt**	fein verteilen
HL S. 28 R S. 32	**Conciergerie**	Pariser Untersuchungsgefängnis
HL S. 29 R S. 34	**Eidam**	Schwiegersohn
HL S. 32 R S. 37	**Aufwärterin**	Haushälterin
HL S. 33 R S. 39	**Komplott**	Verschwörung
	zeremoniös	höflich
HL S. 33 R S. 40	**gehässig**	verhasst
HL S. 38 R S. 45	**Kunstgenossen**	hier: Kollegen
HL S. 40 R S. 49	**Blenden**	Nischen
HL S. 44 R S. 53	**Vervolg**	Fortsetzung
HL S. 45 R S. 54	**in guter Hoffnung**	während der Schwangerschaft

3.5 Sachliche und sprachliche Erläuterungen

HL S. 45 R S. 55	**Trianon**	Lustschloss im Park von Versailles
HL S. 48 R S. 59	**Henriette von England**	Henriette Anna von England (1644–1670); Herzogin von Orléans, Tochter Karls I. von England; mit Herzog Philipp von Orléans, dem Bruder Ludwigs des XIV., verheiratet; angeblich durch den Ehemann vergiftet.
HL S. 53 R S. 65	**Le vrai peut quelque fois n'être pas vraisemblable.**	Das Wahre muss nicht immer wahrscheinlich sein.
HL S. 53 R S. 66	**überlaufe**	auf jdn. stoßen, jdn. überrraschend treffen; hier: überfallen
HL S. 54 R S. 67	**Brustharnisch**	gepanzerte Weste
HL S. 55 R S. 68	**nahm gar keinen Anstand**	Anstand: Waffenstillstand, Ehre; hier: er zögerte nicht, er hatte keine Bedenken.
HL S. 57 R S. 70	**ziemen**	sich gehören
HL S. 58 R S. 72	**la Valliere**	Duchesse de la Vallière (1644–1710); Geliebte Ludwigs XIV., die 1675 ins Kloster ging.
HL S. 58 R S. 75	**Brautschatz**	Heiratsgut, Mitgift

3.6 Stil und Sprache

ZUSAMMENFASSUNG

> → Erzählzeit und erzählte Zeit sind nicht deckungsgleich. Die Darstellung geht chronologisch vor. Rückblicke blenden frühere Ereignisse ein.
> → Das Geschehen wird von einem auktorialen Erzähler geschildert.
> → In die Gestaltung sind musikalische und theatralische Vorstellungen eingeflossen.
> → Wortwahl und sprachliche Mittel fügen sich zu Motiven und Sinnbezirken zusammen.
> → Superlativische Formulierungen hängen mit intensiven Gefühlen und Gedanken zusammen.

Der Erzähler schafft durch seine Erzählweise (Zeit, Raum, Arrangement) und seine sprachlichen Mittel ein eindrucksvolles Gefüge intensiver menschlicher Gefühle und Leidenschaften, in das theatralische und musikalische Vorstellungen einfließen.[8]

Erzählweise

Zeit

Anfang und Ende der Erzählung sind durch genaue Zeitangaben bestimmt. Die Erzählung spielt im Zeitraum vom „Herbste des Jahres 1680" (HL S. 15/R S. 3) „bis zum Ende des Jahres 1680" (HL S. 61/R S. 75 f.). Innerhalb dieses Zeitraums fanden die Raubüberfälle und Juwelenmorde statt.

---

[8] Für dieses Kapitel verdanke ich den Arbeiten von G. Gorski und Helmut Müller viele Anregungen. Im Einzelnen komme ich, insbesondere bei Häufigkeiten, zu anderen Ergebnissen.

3.6 Stil und Sprache

Die Ereignisse werden chronologisch dargestellt. Die Darstellung ist auf wichtige Begebenheiten konzentriert. Unterbrechungen der Handlung werden überbrückt, weniger Wichtiges wird gestrafft. Rückblicke werden bei der Schilderung der Giftmorde, den Biografien Oliviers und Cardillacs eingeblendet. Erzählzeit und erzählte Zeit sind nicht deckungsgleich.

Ort der Handlung ist Paris. Die Schauplätze sind genau bezeichnet: das Haus der Scuderi in der Straße St. Honoré, Haus und Werkstatt Cardillacs in der Straße Nicaise, die Straßen, Gassen und Plätze, die öffentlichen Bauten, der Louvre. Paris wird als Ort des Verbrechens dargestellt. Giftmorde verbreiten Schrecken; als sie abebben, bleibt die Angst bestehen. Polizei und Justiz haben ein Schreckensregime eingerichtet, vor dem jeder zittert. Die Menschen kommen nicht zur Ruhe, und nach den Giftmorden sind Juwelenraub und Mord an der Tagesordnung.

Ort

Die Ereignisse werden von einem auktorialen Erzähler dargestellt:
→ Der Erzähler weiß alles. Er legt sein Wissen den Personen in den Mund. Der Fremde, der zur Scuderi will, „weiß, dass Euer Fräulein soeben das Manuskript ihres Romans, ‚Clelia' geheißen, an dem sie rastlos arbeitet, beiseite gelegt hat, und jetzt noch einige Verse aufschreibt, die sie morgen bei der Marquise de Maintenon vorzulesen gedenkt." (HL S. 6/R S. 4)
→ Der Erzähler kennt sich aus. Er sieht in die Herzen der Menschen hinein. Er kennt die Gefühle der Menschen in den Gassen, in den Häusern, in den Salons, den Dienstzimmern der Staatsbeamten und im Palast des Königs.
→ Der Erzähler führt die Personen souverän. Die wichtigste Person ist die Scuderi. Er führt die Leser über ihre Dienstboten an sie heran. Der Erzähler lässt uns die Ereignisse mit ihren Augen sehen. Der Leser teilt ihre Kenntnisse, Gedanken und

Auktorialer Erzähler

3.6 Stil und Sprache

Gefühle. Sie ist grundsätzlich von Oliviers und Madelons Unschuld überzeugt, aber sie überkommen auch Zweifel. Aber der Erzähler weiß mehr als die Scuderi. Er fügt es, dass immer rechtzeitig neue Tatsachen bekannt werden. Alle wesentlichen Ereignisse haben vor dem Beginn der Erzählung stattgefunden. Der Erzähler wählt aus, welches Ereignis zu welchem Zeitpunkt in die Erzählung eingefügt wird. Er ist zu jeder Zeit Herr des Verfahrens. Er strafft die Darstellung („Die Brinvillier war ein entartetes Weib, durch Sainte Croix wurde sie zum Ungeheuer.", HL S. 9/R S. 9), er überbrückt Zeitspannen („Mehrere Tage vergingen, ohne dass (...)", HL S. 59/R S. 73), er führt wesentliche Ereignisse durch einen Rückblick ein. So greifen die Giftmorde zeitlich weit zurück und führen zusammen mit den Juwelenmorden bis an die Gegenwart heran.

| Verdoppelungen | Die Darstellung der Ereignisse ist durch Rückblenden, Straffung und Verdoppelungen arrangiert. Verdoppelungen stiften Bezüge zwischen verschiedenen Geschehnissen der Erzählung:

→ Die Maintenon verspottet die Scuderi als Goldschmiedsbraut, weil ihr Cardillac den Schmuck zurücklässt. Sie lehnt es ab, ihn zu tragen. Später legt sie ihn an. Sie nutzt den Schmuck und die ihr spöttisch zugeschriebene Rolle, um ihrem Auftritt vor dem König zusätzliches Gewicht zu geben.

→ Olivier bemüht sich zweimal, zur Scuderi vorzudringen. Beim ersten Mal lässt ihn die Martiniere zwar ein, aber weiter gelangt er nicht. Er kann das Schmuckkästchen zurücklassen. Das zweite Mal dringt er bis zur Kutsche vor; er lässt der Suderi einen Zettel mit einer Warnung zukommen. Beide Male wirkt die Szene gewaltsam. Olivier bahnt sich seinen Weg gegen Widerstände; er nähert sich als Unbekannter.

3.6 Stil und Sprache

→ Zweimal trifft die Scuderi Olivier. Beim ersten Mal wird sie angesichts der Umstände ohnmächtig. Zum zweiten Treffen kommt es, weil Olivier ihr alles erzählen will und weil sie an la Regnies Menschlichkeit appelliert hat. Das zweite Treffen der Scuderi mit Olivier findet bei ihr zu Hause statt. Er wird gebracht, die Fesseln werden ihm abgenommen, sie sprechen unter vier Augen miteinander. Der Erzähler arbeitet die Parallele zu Oliviers erstem Versuch heraus, die Scuderi zu sprechen: „So wie damals, als Brusson das Kästchen brachte, wurde um Mitternacht an die Haustüre der Scuderi gepocht." (HL S. 36/ R S. 44)

Die Rückblicke sind als Erzählung ausgestaltet: Rückblicke
→ Die Giftmorde werden anekdotisch auf die Täter (Glaser, Exili, Sainte Croix, Brinvillier) zugespitzt. Aus den Verbrechen werden Folgerungen gezogen: „Die Geschichte mehrerer Giftmörder gibt das entsetzliche Beispiel, dass Verbrechen der Art zur unwiderstehlichen Leidenschaft werden. Ohne weitern Zweck, aus reiner Lust daran, wie der Chemiker Experimente macht zu seinem Vergnügen, haben oft Giftmörder Personen gemordet, deren Leben oder Tod ihnen völlig gleich sein konnte." (HL S. 19/R S. 9)
→ Die Maintenon schildert Cardillacs Arbeitsweise und sein seltsames Verhalten gegenüber Kunden.
→ Madelon schildert, wie ihr Olivier über die Nacht berichtet, in der ihr Vater zu Tode kam.
→ Olivier wird aus dem Gefängnis zur Scuderi gebracht. Ihr erzählt er, wie Cardillac ums Leben kam, von seiner Liebe zu Madelon, von Cardillacs Doppelleben und dessen Ursprung, seine eigene Lebensgeschichte, seinen Konflikt und die Lösungsversuche. Oliviers Erzählung ist Biografie und Beichte, sie handelt von

3.6 Stil und Sprache

Liebe und Tod. Sie ist eine Erzählung in der Erzählung und enthält mit der Schilderung Cardillacs eine weitere Erzählung. Durch Olivier sind alle Erzählungen miteinander verknüpft. Er hat seine eigene Geschichte und ist mit den Geschichten Cardillacs und der Scuderi verbunden. Sie alle handeln von starken Gefühlen, sie führen die Menschen an ihre Grenzen und darüber hinaus. Die Ursachen liegen weit in der Vergangenheit. Durch die Verknüpfung der drei Erzählungen erfolgt eine Verlängerung in die Vergangenheit. Oliviers Erzählung enthüllt alle Geheimnisse. Daraus wird auch deutlich, was es mit dem Schmuck und dem Epigramm auf sich hat. Der Schmuck stellt ein Opfer dar, mit dem sich Cardillac die Befreiung von der Wirkung seines „bösen Sterns" erhoffte. Die Scuderi sollte zu seinen Gunsten Fürbitte leisten. Das Epigramm hat er als verständnisvolles Zeichen verstanden, das ihn ermutigte, sich an sie zu wenden.

Wechsel

Der Erzähler nutzt den Wechsel, um Szenen zu bilden:
→ Es wechselt der Ort der Handlung. Der Ort besteht nicht nur aus Haus, Straße, Markt, Salon, Palast; er ist auch der Raum, in dem die Menschen in ständiger Bewegung sind.
→ Mit dem Ort wechselt die Zeit, Tageszeit, die Beleuchtung. Die Szenen liegen im Hellen oder Dunklen.
→ Die Szene wird von Personen bevölkert. Sie sind in ständiger Bewegung. Die Personen sind im Gespräch zu zweit, zu dritt; sie sprechen miteinander und übereinander.
→ Die Menschen stehen in Beziehung zueinander, sozial und gefühlsmäßig. Sie sind einander in starken Gefühlen verbunden oder entgegengesetzt. Die Menschen treten als Einzelne auf oder als Menge, sie verhalten sich immer als Angehörige ihres Standes, und immer sind sie bewegt – äußerlich und innerlich.

3.6 Stil und Sprache

In die Gestaltung der Erzählung sind musikalische und theatralische Vorstellungen eingeflossen. Die Zuspitzung auf Szenen und Dialoge sowie die Behandlung der Schauplätze erinnern an Hoffmanns Bühnenerfahrung. Die wechselnde Dynamik der Handlung und die Betonung der Gefühle bis in die extremen Ausprägungen hinein lassen an die Erfahrungen des Musikers Hoffmann denken. An der Darstellung des Verbrechens einschließlich seiner Motive, Aufklärung und juristischen Bewertung hat der Jurist Hoffmann seinen Anteil.

Einflüsse

Wortwahl und Motive

Die im Folgenden zusammengefasste Szene enthält viele Wörter (Substantive, Adjektive, Verben), an die sich im gesamten Text weitere Wörter anlagern und sich zu Wortfamilien, Wortfeldern, Motiven, Leitmotiven und Themen verdichten, die miteinander ein festes, wirkungsmächtiges Gefüge bilden.

Die Scuderi kommt vom Gespräch mit la Regnie, der ihr den Fall aus der Sicht der Justiz dargelegt hat. Sie ist nicht von Oliviers Schuld überzeugt. Die Darstellung Madelons „überstrahlte jeden bösen Verdacht" (HL S. 33/R S. 40). Sie möchte „lieber ein unerklärliches Geheimnis annehmen, als daran glauben, wogegen ihr ganzes Inneres sich empörte." (HL S. 33/R S. 40) Daher will sie sich von Olivier noch einmal alles erzählen lassen, „wie es sich in jener verhängnisvollen Nacht ergeben" (HL S. 33/R S. 40) hat. Sie wird in der Conciergerie in „ein großes, helles Gemach" (HL S. 34/R S. 40) geführt. Sie hört Kettengerassel und wird ohnmächtig, als sie ihn erblickt. Wieder zu Bewusstsein gelangt, will sie fort „aus den Gemächern der frevelnden Verruchtheit" (HL S. 34/R S. 40). Sie erkennt, dass sie ihm schon begegnet ist und glaubt, er gehöre „zu der fürchterlichen Mordbande" (HL S. 34/R S. 40). Auch von Madelon sieht sie sich getäuscht. Sie hegt „den entsetzlichen Ver-

3.6 Stil und Sprache

dacht, dass Madelon mit verschworen sein und teilhaben könne an der grässlichen Blutschuld" (HL S. 34/R S. 41). Sie überdenkt ihr bisheriges Urteil über Madelon. „So wurde manches, was ihr bisher als Beweis der Unschuld und Reinheit gegolten, sicheres Merkmal frevelicher Bosheit, studierter Heuchelei."(HL S. 34/R S. 41)

Die Szene verwendet Wörter und Motive, die für die Erzählung exemplarisch sind. Sie werden im Folgenden zu Sinnbezirken zusammengestellt und erweitert. Bei den Frequenzen (= Häufigkeit der Verwendung) im Gesamttext werden die Formen, Zusammensetzungen und Ableitungen berücksichtigt.

Verbrechen

Die Wörter *Verdacht*, *Mordbande* und *Beweis* verweisen auf den Kriminalfall und seine Aufklärung. Die Raubmorde werden im Zusammenhang mit den Giftmorden gesehen und einer Bande zugeschrieben. Brusson wird fälschlich verdächtigt. Beim Prozess droht ihm die Folter, aber am Ende ist seine Unschuld bewiesen. In diesen Zusammenhang gehören u. a. die Wörter *Mord, Tod, Leichnam; Tat, Verbrechen, Gewalt; Bande, Spießgesellen; Verdacht, Tortur, Prozess, Recht; Blut, Opfer, Dolch*.

WORT (HÄUFIGKEIT)	BEISPIEL
Mord (54)	„Einbruch, Diebstahl und Mord" (HL S. 5/R S. 3)
Tod (43)	„Tod durch Meuchelmord" (HL S. 48/R S. 59)
Leichnam (12)	„den blutigen Leichnam" (HL S. 13/R S. 13)
Tat (20)	„die entsetzliche Tat" (HL S. 30/R S. 36)
Verbrechen (21)	„mein einziges Verbrechen" (HL S. 51/R S. 62)
Gewalt (11)	„zerrt sie mit Gewalt" (HL S. 27/R S. 32)
Bande (8)	„Bande verruchter Mörder" (HL S. 52/R S. 64)
Spießgeselle (6)	„Eure verruchten Spießgesellen" (HL S. 7/R S. 6)

3.6 Stil und Sprache

WORT (HÄUFIGKEIT)	BEISPIEL
Verdacht (17)	„entsetzlichen Verdacht" (HL S. 33/R S. 41)
Tortur (5)	„von der Tortur zu retten" (HL S. 53/R S. 65)
Prozess (6)	„erinnert an den (…) Prozess" (HL S. 56/R S. 69)
Recht (16)	„das strenge Recht der Schönheit"(HL S. 58/R S. 72)
Blut (32)	„das siedende Blut" (HL S. 58/R S. 71)
Opfer (7)	„die unglücklichen Opfer" (HL S. 11/R S. 11)
Dolch (11)	„Dolch von frischem Blute gefärbt" (HL S. 31/R S. 37)

Gut und Böse

Gut und Böse sind im wiedergegebenen Abschnitt deutlich gegenübergestellt. Im gesamten Text stehen u. a. die Bezeichnungen *Tugend, Unschuld, Treue, Frömmigkeit, gut, schön* und *würdig* den Ausdrücken *Angst, Entsetzen, Abscheu, Schauer, böse, grässlich* einander gegenüber.

WORT (HÄUFIGKEIT)	BEISPIEL
Tugend (20)	„Unschuld und Tugend" (HL S. 52/R S. 64)
Unschuld (34)	„seine völlige Unschuld Tode"(HL S. 52/R S. 64)
Treue (15)	„mit aller Treue und Sorgfalt" (HLS. 37/R S. 45)
Frömmigkeit (15)	„Muster aller Frömmigkeit" (HL S. 54/R S. 67)
gut (19)	„Vorbild eines guten (…) Bürgers" (HL S. 24/R S. 28)
schön (22)	„schöne Diamantenkrone" (HL S. 49/R S. 60)
würdig (19)	„edles, würdiges Fräulein" (HL S. 23/R S. 26)
Angst (19)	„unbegreifliche Angst" (HL S. 41/R S. 49)
Entsetzen (42)	„Wonne und Entsetzen" (HL S. 48/R S. 58)
Abscheu (14)	„zerrissen von Liebe und Abscheu" (HL S. 48/R S. 58)
Schauer (6)	„Schauer der entsetzlichen Tat" (HL S. 32/R S. 38)

3.6 Stil und Sprache

WORT (HÄUFIGKEIT)	BEISPIEL
böse (40)	„eine böse Blutschuld" (HL S. 35/R S. 42)
grässlich (11)	„eine grässliche Teufelsgestalt" (HL S. 15/R S. 16)

Geheimnis

Die Scuderi möchte nicht an die ermittelten Tatsachen und die Schlussfolgerungen daraus glauben. Ahnung und Überzeugung lassen sie an ein Geheimnis glauben; sie lässt sich von ihrer inneren Gewissheit leiten. Dabei entdeckt sie am Ende die Wahrheit.

WORT (HÄUFIGKEIT)	BEISPIEL
Ahnung (7)	„vor Schreck und furchtbarer Ahnung" (HL S. 27/R S. 32)
Überzeugung (15)	„Überzeugung von Brussons Unschuld" (HL S. 55/R S. 68)
Geheimnis (43)	„Geheimnis in das Grab zu nehmen" (HL S. 52/R S. 64)
Erstaunen (7)	„in Furcht und Erstaunen" (HL S. 11/R S. 11)
Entdeckung (15)	„die Entdeckung eines Geheimnisses" (HL S. 38/R S. 46)

Licht und Dunkel, Auge und Ohr

Weitere Beispiele im Text gehören in den Sinnbezirk von Licht und Dunkel, Tag und Nacht sowie Nacht, Auge und Ohr. Ein böser Verdacht wird *überstrahlt*, die Scuderi wartet in einem *hellen* Gemach und hört *Kettengerassel*. Cardillac geht bei *Nacht* auf Raubzug, sein Tod wird von den Hausbewohnern aufgrund der Geräusche bezeugt. Die Scuderi kleidet sich in *Schwarz* für die Audienz beim König, der *nächtliche* Besuch Oliviers im Haus der Scuderi ist geräuschvoll.

Auge und Ohr bilden den Übergang zwischen Außen und Innen. Auf der Grundlage von Sinneseindrücken werden Vorstellungen, Eindrücke und Urteile gebildet.

3.6 Stil und Sprache

In diesen Zusammenhang gehören auch Juwelen (Schatz). Durch die künstlerische Arbeit des Goldschmieds wird aus dem natürlichen Material ein glänzendes Schmuckstück, das die Schönheit der Trägerin erhöht oder ihre Eitelkeit befriedigt.

WORT (HÄUFIGKEIT)	BEISPIEL
Licht (6)	„Mit dem hellen Morgen trat dann ans Licht, was in der Finsternis begonnen" (HL S. 32/R S. 38)
Nacht (41)	„der in der Nacht heimtückisch mordete und raubte" (HL S. 54/R S. 66)
hell (11)	„die Augen glänzten von hellen Tränenperlen" (HL S. 58/R S. 72)
finster (10)	„Zorn und Verachtung im finstern Blick" (HL S. 40/R S. 48)
Augen (76)	„indem ihr die Augen vor Freude funkelten" (HL S.22/R S. 26)
Stimme (23)	„mit wilder Stimme" (HL S. 6/R S. 5)
Juwelen (14)	„einen reichen geraubten Schatz" (HL S. 61/R S. 75)

Bewegung

Als die Scuderi Olivier wiedererkennt, fällt sie in Ohnmacht. Die Wahrnehmung überwältigt sie. Der gesamte Text enthält viele ähnliche Stellen. Wörter, die Bewegung zum Ausdruck bringen, sind u. a.:

WORT (HÄUFIGKEIT)	BEISPIEL
fallen (27)	„Cardillac fiel mich von hinten an" (HL S. 54/R S. 67)
Knie (12)	„umschlang meine Knie" (HL S. 43/R S. 52)
nieder (33)	„Brusson sank (…) nieder" (HL S. 37/ R S. 44)
stürzen (8)	„stürzte der Scuderi zu Füßen" (HL S. 51/R S. 75)

3.6 Stil und Sprache

Religion

Der Kampf zwischen Gut und Böse ist moralisch und religiös fundiert. Die Menschen sind Engel oder Teufel, zwischen Himmel und Hölle. Madelon und die Scuderi üben Fürbitte, und beständig werden die Heiligen um Beistand gebeten.

WORT (HÄUFIGKEIT)	BEISPIEL
willen (19)	„um aller Heiligen willen" (HL S. 54/R S. 38)
Engel (7)	„den unschuldsvollen Engel" (HL S. 28/R S. 33)
Teufel (18)	„lacht wie der Teufel" (HL S. 21/R S. 24)

Was sich schon bei den Charakteristiken und den Konstellationen der Personen ergeben hat, setzt sich bei der Untersuchung von Stil und Sprache fort. Die Menschen werden im Text als gut oder böse beschrieben. Sie werden vom guten oder bösen Schicksal geleitet. Gut und Böse stehen im Kampf gegeneinander und ringen um Mensch und Welt. Sie sind im Seelenleben der Menschen, ihrem Denken und Handeln gegenwärtig. Gegen das Böse helfen Werte wie Tugend und Frömmigkeit, feste innere Überzeugungen, der Appell an das Gute und bedingungslose Offenheit. Der Kampf zwischen Gut und Böse umfasst den gesamten Bereich vom trivialen Wirklichkeitskonzept bis hin zur tiefen religiösen Überzeugung. Angst und Schrecken, Tod und Hölle, böser Stern und Schuld üben eine faszinierende Wirkung aus. Darin haben Opfer und Beichte, Bekenntnis und Erlösung ihren Platz.

Superlative

Cardillac wird im Gespräch zwischen der Marquise de Maintenon und der Scuderi eingeführt. „Wisst Ihr wohl, Fräulein! dass diese Armbänder, diesen Halsschmuck niemand anders gearbeitet haben kann, als René Cardillac?" (HL S. 19/R S. 22) Die Vorstellung

3.6 Stil und Sprache

Cardillacs wird durch rhetorische Frage, Ausrufezeichen und verneinende Formulierung als Überraschung inszeniert. Der Erzähler schildert ihn mit Superlativen und Gegensätzen. Er war „damals der geschickteste Goldarbeiter in Paris, einer der kunstreichsten und zugleich sonderbarsten Menschen seiner Zeit" (HL S. 19/R S. 22). Die Gegensätze zeigen sich in der äußeren Erscheinung und verweisen auf das innere Wesen. Er ist zugleich alt („hoch in die funfziger Jahre vorgerückt", HL S. 19/R S. 22) und jung („die Kraft, die Beweglichkeit eines Jünglings", HL S. 19/R S. 22). Körperliche Kraft („von starkem, muskulösem Körperbau", HL S. 19/R S. 22) und Aussehen („das dicke, krause, rötliche Haupthaar und das gedrungene, gleißende Antlitz", HL S. 19/R S. 22) sind mehrdeutig. Die Vieldeutigkeit des Äußeren verlängert sich in die Charakteristik.

> „Wäre Cardillac nicht in ganz Paris als der rechtlichste Ehrenmann, uneigennützig, offen, ohne Hinterhalt, stets zu helfen bereit, bekannt gewesen, sein ganz besonderer Blick aus kleinen, tiefliegenden, grün funkelnden Augen hätten ihn in den Verdacht heimlicher Tücke und Bosheit bringen können." (HL S. 19/ R S. 22)

Mit einer konjunktivisch und verneinend formulierten Feststellung im ersten Teil des Satzes nimmt der Erzähler die abwertende Bewertung im zweiten Teil zurück, bevor sie den Leser gegen Cardillac einnehmen kann.

Die Vorstellung Cardillacs deutet auf das spätere Geschehen voraus. Sie lässt schon einige Mittel erkennen, mit denen der Erzähler die Wahrnehmung des Lesers steuert. Es wird darin auch deutlich, dass die Mittel zu einem wirksamen Gewebe verknüpft sind. Einige wesentliche Mittel sollen im Folgenden dargestellt werden.

Steuerung des Lesers durch den Erzähler

3.6 Stil und Sprache

Der Text enthält insgesamt 87 Superlative. Sie beziehen sich auf Menschen, insbesondere auf ihre Gedanken, Gefühle und Handlungen. Olivier ist Lehrling des „berühmtesten Meisters" (HL S. 30/R S. 35). Durch die Bemühungen „Serons, des berühmtesten Arztes in Paris" (HL S. 28/R S. 33), kommt Madelon wieder zu Bewusstsein.

Die Superlative beziehen sich verschiedene Personen. Cardillac bezeichnet seine Neigung zu Juwelen als „eine der seltsamsten und verderblichsten Leidenschaften" (HL S. 45/R S. 55), die der böse Stern in ihm entzündet hat. Madelon erzählt nur „gegen die Übermacht des durchbohrendsten Schmerzes" (HL S. 28/R S. 33) von der Ermordung ihres Vaters. Durch ihre Einbeziehung in den Mordfall wird die Scuderi „von den widersprechendsten Gefühlen" (HL S. 35/R S. 42) bedrängt. Sie ist aus „dem tiefsten Innern heraus" (HL S. 35/R S. 42) von Oliviers Unschuld überzeugt. In ihm erblickt sie den „Ausdruck des treusten Gemüts" (HL S. 37/R S. 44).

Die superlativischen Formen sind mit Gefühlen und Gedanken verbunden. Madelon erzählt alles „aus dem innersten Herzen heraus" (HL S. 29/R S. 34), der König ist „hingerissen von der Gewalt des lebendigsten Lebens" (HL S. 57/R S. 70), die von der Rede der Scuderi ausgeht. Beim Bezug auf Gefühle und Gedanken sind die Superlative „innerste" bzw. „innigste" 28 Mal vertreten, zum Beispiel: „mit allen Zeichen des im Innersten aufgeregten Gemüts" (HL S. 21/R S. 24); „in dem die drei Menschen in innigster Liebe verbunden" (HL S. 21/R S. 35). In der Formulierung „das Innerste" ist der superlativische Bezug auf Gefühle am knappsten erfasst.

Bemerkenswert ist, dass sich unter den Superlativen 13 befinden, die nur der Form nach Superlative sind („mit möglichster Behutsamkeit", HL S. 17/R S. 18; „in der vollsten Glut kindlicher Liebe", HL S. 26/R S. 30). Ihnen fehlt aufgrund ihrer Bedeutung oder ihrer Wortart die Vergleichsmöglichkeit. Sie sind absolute Superlative (Elative) und bezeichnen einen sehr hohen Grad.

3.6 Stil und Sprache

Auf die Verbrechen der Menschen und das Handeln von Polizei und Justiz beziehen sich weitere Superlativformen. Degrais kennt „den geheimsten Schlupfwinkel des Verbrechens" (HL S. 11/R S. 11); Miossens, der Mörder Cardillacs, begründet sein Schweigen, weil er nicht in den „abscheulichsten Prozess" (HL S. 54/R S. 67) verwickelt werden will.

Rhetorische Mittel

SPRACHLICHES MITTEL	ERLÄUTERUNG	TEXTBELEG
Alliteration	gleicher Anlaut mehrerer bedeutungstragender Wörter	„hart und heftig" (HL S. 5/R S. 3); „Gewaltstreichen und Grausamkeiten" (HL S. 12/R S. 12)
Akkumulation	Häufung mehrerer Unterbegriffe zu einem nicht genannten Oberbegriff	„Einbruch, Diebstahl und Mord" (HL S. 5/R S. 3); „schrie, lärmte, tobte" (HL S. 27/R S. 31)
Wiederholung	mehrfache Verwendung gleicher Wörter und Ausdrücke	„So macht doch nur auf" (HL S. 5/R S. 3); „ich weiß ja" (HL S. 5/R S. 4); „alles aus, alles aus!" (HL S. 7/R S. 7)
Klimax	steigernde Anordnung von Wörtern und Ausdrücken	„Ehre, Freiheit, ja das Leben" (HL S. 6/R S. 4)
rhetorische Frage	Aussage oder Aufforderung in Frageform, ohne dass eine Antwort erwartet wird.	„Kehrt sich denn das Schicksal, wenn es verderbend wie der tötende Blitz einschlägt, an Zeit und Stunde?" (HL S. 6/R S. 5); „Darf dann mich, die ich, der Tugend getreu und der Frömmigkeit, tadellos blieb von Kindheit an, darf dann mich das Verbrechen des teuflischen Bündnisses zeihen?" (HL S. 18/R S. 20)

3.6 Stil und Sprache

SPRACHLICHES MITTEL	ERLÄUTERUNG	TEXTBELEG
Anapher	Wiederholung desselben Worts oder Ausdrucks am Satzanfang	„Vergebens ließ Argenson, der Polizeiminister, alles aufgreifen in Paris, was von dem Volk nur irgend verdächtig schien, vergebens wütete la Regnie, und suchte Geständnisse zu erpressen, vergebens wurden Wachen, Patrouillen verstärkt (…)." (HL S. 13/ R S. 13)
Parallelismus	Wiederholung eines Satzbaus oder eines grammatischen Musters	„wie die Liebhaber auf dem heimlichen Schleichwege zur Geliebten sich ängstigen müssten, wie die Angst schon alle Liebeslust, jedes schöne Abenteuer der Galanterie im Aufkeimen töte" (HL S. 15 f./R S. 17); „Er rieb sich die Stirne, er seufzte, er fuhr mit der Hand über die Augen (…)." (HL S. 23/R S. 26)
Inversion	Umstellung der üblichen Wortfolge	„Beständig vor Augen stand ihr der Jüngling" (HL S. 26/R S. 31); „Euch nur, Euch allein will er alles gestehen." (HL S. 36/R S. 43)
Antithese	Gegenüberstellung von Begriffen oder Gedanken	„(…) ich tue meine Pflicht, wenig kümmert mich das Urteil der Welt." (HL S. 31/R S. 36)
Periphrase	Umschreibung eines Begriffs	„(…) man muss René Cardillacs Arbeit schlecht kennen, um nur einen Augenblick zu glauben, dass irgendein anderer Goldschmied in der Welt solchen Schmuck fassen könne." (HL S. 22/R S. 25)

3.6 Stil und Sprache

SPRACHLICHES MITTEL	ERLÄUTERUNG	TEXTBELEG
Adynaton	Vergleich mit etwas Unmöglichem	„(…) dass, wenn Olivier in ihrem Beisein dem Vater den Dolch in die Brust gestoßen hätte, sie dies eher für ein Blendwerk des Satans halten, als daran glauben würde, dass Olivier eines solchen entsetzlichen, grauenvollen Verbrechens fähig sein könne." (HL S. 29/R S. 34)

Hoffmann arbeitet intensiv mit rhetorischen Mitteln. Er variiert auf den verschiedenen Ebenen des Textes das „normale" Muster. Damit weicht er von der Erwartung des Lesers ab und erzielt Wirkung. Sehr oft arbeitet er mit Wiederholungen. Immer wieder werden mehrere Mittel miteinander verbunden, was die erzielte Wirkung steigert. Einige Beispiele:

Wiederholungen als rhetorisches Mittel

Die Eröffnungsszene schildert Brussons vergeblichen Versuch, zur Scuderi vorgelassen zu werden, um ihr den Schmuck zu bringen. Darauf setzte er die Hoffnung, seinen Konflikt zu lösen. Mit dreimal wiederholten Befehlen bedrängt er die Martiniere, ihm zu öffnen („so macht doch nur auf", HL S. 5/R S. 3). Der Imperativ wird später aufgegriffen, ergänzt und fortgeführt, um sie zu beruhigen („Macht mir nur getrost auf, befürchtet nichts", HL S. 5/R S. 4). Derselbe Gedankengang wird nach einem Appell an ihr Gewissen („Bedenkt, dass Eurer Gebieterin Zorn ewig auf Euch lasten würde", HL S. 6/R S. 4) wiederholt („Öffnet mir die Türe", HL S. 6/R S. 5).

Der Beginn der Erzählung ähnelt der ersten Szene eines Dramas. Ihre Elemente (Nacht, Unbekannter, Handlung und Sprache) sorgen für Dynamik, Effekte und Wirkung.

Eine besondere Art der Wiederholung verwendet Hoffmann bei der wörtlichen Rede. Desgrais erstattet la Regnie Bericht über ei-

Dynamik

3.6 Stil und Sprache

ne fehlgeschlagene Festnahme. Seine Aufregung zeigt sich in der Wiederholung des Beginns: „Was habt Ihr, was für Nachrichten?" (HL S. 13/R S. 14) Es folgt eine häufig verwendete Variante der wiederholten Eröffnung der Rede. Dabei steht das ankündigende Verb zwischen den beiden Elementen der Wiederholung: „‚Ha – gnädiger Herr', fängt Desgrais an, vor Wut stammelnd, ‚ha gnädiger Herr (…).'" (HL S. 13/R S. 14) Die Unterbrechung der Rede und ihre Wiederaufnahme überträgt die innere Bewegung des Sprechers: „‚O hört nur', fällt Desgrais mit bitterm Lächeln ein, ‚o hört nur erst, wie sich alles begeben.'" (HL S. 13/R S. 14) Desgrais berichtet über die Verfolgung einer Person:

> „Ich sehe den Menschen wie auf den Flügeln des Windes forteilen, ich rapple mich auf, ich renne ihm nach – laufend stoße ich in mein Horn – aus der Ferne antworten die Pfeifen der Häscher – es wird lebendig – Waffengeklirr, Pferdegetrappel von allen Seiten. – Hierher – hierher – Desgrais – Desgrais! (…)" (HL S. 14/R S. 15)

Die Charakteristik verwendet einen Vergleich, den Hoffmann in ausführlicherer Form auch in der Erzählung *Der goldne Topf* verwendet. Die Verfolgung wird parataktisch dargestellt; die kurzen Sätze werden schließlich auf ein Wort verknappt und geben nur noch den akustischen Eindruck wieder. Der Gedankenstrich gliedert die Darstellung. Desgrais kommt dem Fliehenden näher, er ist zum Greifen nah. Die Schilderung ist so lebendig und aufregend, dass la Regnie als Zuhörer die Rede übernimmt. „‚Ihr holt ihn ein – Ihr packt ihn, die Häscher kommen', ruft la Regnie mit blitzenden Augen, indem er Desgrais beim Arm ergreift, als sei *der* der fliehende Mörder selbst." (HL S. 14/R S. 15) Umso größer ist die Enttäuschung, dass der Flüchtende entkommt.

3.6 Stil und Sprache

„‚Funfzehn Schritte‘, fährt Desgrais mit dumpfer Stimme und mühsam atmend fort, ‚funfzehn Schritte vor mir springt der Mensch auf die Seite in den Schatten und verschwindet durch die Mauer.‘ ‚Verschwindet? – durch die Mauer! – Seid Ihr rasend?‘ ruft la Regnie, indem er zwei Schritte zurücktritt und die Hände zusammenschlägt." (HL S. 14/R S. 15)

Auch hier wird die wörtliche Rede nach der Ankündigung wiederholend aufgegriffen, die Sätze werden knapper, der Gedankenstrich drückt das Verstummen aus. Das Gefühl ist übermächtig. Die Dynamik von Rede und Gegenrede, das Erleben und Nacherleben des erregenden Geschehens wird durch die sprachlichen Mittel unterstrichen.

Noch intensiver ist die Dynamik von Rede und Gegenrede in der Szene vor Cardillacs Haus, als Desgrais der Scuderi über die Verhaftung Brussons Bericht erstattet. Madelons Erscheinung und Schicksal rühren sie an. „‚Und das Mädchen?‘, ruft die Scuderi, ‚ist‘, fällt Desgrais ein, ‚ist Madelon, Cardillacs Tochter.‘" (HL S. 28/R S. 32) Der Satz enthält in verkürzter Form Frage und Antwort. Die Verknappung kommt dadurch zustande, dass im Fragesatz das Prädikat und im antwortenden Aussagesatz das Subjekt weggelassen werden. Die ausgelassenen Satzteile werden durch die Aufeinanderfolge der beiden Kurzsätze wechselseitig kompensiert. Der Satz verknüpft Desgrais und die Scuderi miteinander, die aus unterschiedlichen Gründen an Madelon interessiert sind. Desgrais will sie verhaften, die Scuderi will sie schützen. „Tief bewegt, Tränen in den Augen, blickte die Scuderi den unschuldsvollen Engel an, ihr graute vor Desgrais und seinen Gesellen." (HL S. 28/R S. 32) Alliteration, Inversion, freie Umstandsangaben, Metapher und Verben arbeiten den Gegensatz zwischen den Personen und ihren Gründen heraus. Die Mitteilung der Scuderi gleicht einem Befehl, der kei-

3.6 Stil und Sprache

nen Widerspruch zulässt: „Ich nehme das Mädchen mit mir, Ihr möget für das übrige sorgen, Desgrais!" (HL S. 28/R S. 33) Der Redewechsel findet vor einer äußerlich bewegten und innerlich erregten Menschenmenge statt. Währenddessen wird Cardillacs Leiche abtransportiert. Die Reden und die Umstände dabei verändern die Einstellung der Menschen. Aus der Darstellung der Szene resultiert eine eindrucksvolle dramatische Wirkung.

3.7 Interpretationsansätze

ZUSAMMENFASSUNG

→ Die Scuderi und Cardillac verkörpern zwei gegensätzliche Konzepte von Kunst und künstlerischer Existenz.
→ Die Erzählung weist die Merkmale des klassischen Detektivromans auf. Sie geht aber weit darüber hinaus.
→ Die Darstellung des Rechtswesens in der Erzählung hat einen zweifachen historischen Bezug: Sie bezieht sich auf die Zeit Ludwigs XIV. und die Entstehungszeit des Textes mit den Karlsbader Beschlüssen und der „Demagogenverfolgung". Es sind jeweils Zeiten des Umbruchs.

Künstler und Kunst

In der Erzählung *Das Fräulein von Scuderi* verkörpern die Titelfigur und der Goldschmied René Cardillac zwei unterschiedliche künstlerische Existenzen.

Die Scuderi hat als adliges Fräulein eine hohe gesellschaftliche Stellung. Sie ist „bekannt durch ihre anmutigen Verse" (HL S. 5/R S. 3) und erfreut sich der Gunst des Königs und seiner Mätresse, der Marquise de Maintenon. Salon und Hof sind ihre Auftrittsorte. Sie schreibt Romane und Verse. Ihre Kunst hat eine gesellschaftliche Funktion. Die Schriftstellerei ist eine standesgemäße Tätigkeit. Sie ist Zeitvertreib und verschafft Anerkennung; sie dient der Repräsentation und Selbstdarstellung der Gesellschaft. Ein Epigramm, am Abend geschrieben und am nächsten Tag schon vorgetragen, ist in der Erzählung thematisch und strukturell relevant: „Un amant qui craint les voleurs n'est point digne d'amour" (HL S. 16/R S. 18). Es ist ihre Reaktion auf ein nur indirekt wiedergegebenes langes

Scuderi

3.7 Interpretationsansätze

Gedicht an den König mit der Bitte um Maßnahmen gegen Raubüberfälle und Morde an Adligen auf dem nächtlichen Weg zur Geliebten. Die Verse der Scuderi sind pointiert und amüsant. Der König sieht darin „ritterlichen Geist" (HL S. 16/R S. 18).

Historischer Hintergrund

Die Dichtung der Scuderi ist vor dem Hintergrund der historischen Situation des Adels zu sehen. Er hat unter der absoluten Herrschaft Ludwigs XIV. seine politische Bedeutung verloren. Der alte Adel konkurriert mit dem Amtsadel und dem aufstrebenden Bürgertum. Die Anwesenheit bei Hof wird genutzt zur Darstellung und Selbstdarstellung, die im Lauf der Zeit immer subtilere Formen annehmen. In der Konversation sind Esprit und pointierte Zuspitzung gefragt, mit Überraschung und Amüsement als Zielsetzung. Der bedeutungslos gewordene Adel spiegelt sich im Rittertum, dessen Manieren als Vorbild gelten und verfeinert werden.

Das Epigramm hat außer auf den König noch auf eine andere Person Wirkung. Ein unbekannter Verehrer bekundet seine Dankbarkeit für das Verständnis, das er aus den zitierten Versen herausliest. Die Scuderi fühlt sich falsch verstanden. Sie ist empört und lehnt das Schmuckgeschenk wiederholt ab.

Cardillac

Später erfahren wir, dass es sich bei dem Fremden um Cardillac handelt. Er ist Goldschmied und schafft durch seine handwerkliche Tätigkeit künstlerisch vollendete Werkstücke. Er lebt hinter einer bürgerlichen Fassade und gilt als Sonderling. Er ist von seiner Arbeit besessen. Für manche Interessenten arbeitet Cardillac nicht. Er verzögert die Auslieferung, bittet um Rücknahme des Auftrags. Die Trennung von einem Werkstück bereitet ihm seelische Not. Daher verwundert es, dass er der Scuderi seinen Schmuck geben will. Hinter der bürgerlichen Fassade verspürt Cardillac durch seine vorgeburtliche Prägung eine Begierde nach Gold und Edelsteinen,

3.7 Interpretationsansätze

die ihn als „bösen Stern" zu Raub und Mord treibt. Die Tugend der Scuderi soll ihm zur Überwindung seiner Mordlust verhelfen.

Die beiden Hauptpersonen sind nach gesellschaftlichem Status und künstlerischer Existenz gegensätzlich. Beide reduzieren die Kunst: Bei der Scuderi ist die Kunst ein oberflächliches gesellschaftliches Ereignis; Cardillac nimmt der Kunst die Möglichkeit der öffentlichen Wirkung.

Ihre Defizite werden schließlich auf unterschiedliche Weise aufgehoben, ohne dass sich der grundsätzliche Gegensatz verringert: Indem die Scuderi die dichterischen Möglichkeiten der Redekunst auf persönliche Weise vor dem König nutzt und Gefühle zeigt, hilft sie ihrem Schützling, der am Ende freikommt. Cardillac erlangt durch die Rückgabe der geraubten Schmuckstücke Vergebung, und er steht dem Glück seiner Tochter nicht im Weg.

Kriminalgeschichte

In Hoffmanns Erzählung *Das Fräulein von Scuderi* finden sich die klassischen Elemente des Detektivromans. Das hat R. Alewyn veranlasst, den Text als ersten Vertreter seiner Gattung zu bezeichnen, ihr Auftreten um fast ein Vierteljahrhundert vorzuverlegen und ihren Ursprung in der Romantik zu sehen.

Ursprung des Detektivromans in der Romantik

> „In dieser Geschichte finden wir, neben einigen untergeordneten Motiven, die drei Elemente zusammen, die den Detektivroman konstituieren: Erstens den Mord, beziehungsweise die Mordserie, am Anfang und dessen Aufklärung am Ende, zweitens den verdächtigen Unschuldigen und den unverdächtigen Schuldigen, und drittens die Detektion, nicht durch die Polizei, sondern durch den Außenseiter, ein altes Fräulein und eine Dichterin, dazu als viertes, zwar nicht obligates, aber doch ungemein häufiges Element das versperrte Mordzimmer (locked room). Die

3.7 Interpretationsansätze

Erzählung heißt *Das Fräulein von Scuderi*. Ihr Verfasser ist der deutsche Romantiker E. T. A. Hoffmann. Sie erschien 1818 [eigtl. 1819/20], fast ein Vierteljahrhundert vor E. A. Poes *Murders in the Rue Morgue*, mit denen nach bisheriger Ansicht die Geschichte des Detektivromans beginnt".[9]

Ursprung der Kriminalgeschichte in der Aufklärung

Die Gegenposition hält die Kriminalgeschichte für ein Ergebnis der Aufklärung und des Positivismus. Schlussfolgerndes Denken, Indizien und Nachforschungen sind die Voraussetzungen für die Kriminalgeschichte. Beide Zugänge leisten viel für das Verständnis des Textes, haben aber nur eine begrenzte Tragfähigkeit.

Verbrechen

Die Verbrechen sind bereits zu Beginn der Erzählung verübt. Paris wird von Giftmorden in Angst und Schrecken versetzt, Polizei und Justiz kämpfen erfolglos. Sie erhalten neue Mittel und Vollmachten, die staatlichen Maßnahmen sind willkürlich; es herrscht ein allgemeines Klima der Angst. Danach kommt es zu einer Reihe von Morden, bei denen den Opfern Juwelen geraubt werden. Schließlich wird der Goldschmied Cardillac ermordet; sein Geselle Olivier Brusson wird als Verdächtiger verhaftet. Er soll sogar zur Bande der Juwelenräuber gehören, der die Morde zugeschrieben werden. Aber er wird zu Unrecht verdächtigt.

Olivier Brusson: der verdächtige Unschuldige

Seiner Aussage wird kein Glauben geschenkt. Die Umstände werden zu seinen Ungunsten ausgelegt, alles spricht gegen ihn. La Regnie fasst im Gespräch mit der Scuderi alle Indizien gegen ihn zusammen: Seine Aussage über den Tathergang ist unglaubwürdig, der Ortstermin im Haus Cardillacs widerlegt ihn; seit er verhaftet ist, haben die Juwelenmorde aufgehört. Aber Brusson ist des Mordes an Cardillac nicht schuldig; er ist nur Mitwisser der Verbrechen Cardillacs.

---

9   R. Alewyn: *Probleme und Gestalten. Essays*. Frankfurt am Main: Insel, 1974, S. 351–354.

3.7 Interpretationsansätze

Neben dem schuldlosen Verdächtigen Olivier Brusson gibt es den unverdächtigen Schuldigen, den Goldschmied René Cardillac. Er allein hat die Juwelenmorde verübt; es gibt keine Bande. Cardillac wird zwar widersprüchlich dargestellt, aber die Darstellung lässt keine Zweifel aufkommen: Er wird als der „rechtlichste Ehrenmann" (HL S. 19/R S. 22) bezeichnet. Sein Verhalten wird als sonderbar, aber nicht verdächtig geschildert. So kommt gegen ihn kein Verdacht auf.

René Cardillac: der unverdächtige Schuldige

Cardillac wird aufgrund einer vorgeburtlichen Prägung getrieben, Gold und Edelsteine in seinen Besitz zu bringen. Der Beruf des Goldschmieds macht es ihm möglich, einzigartige Kunstwerke zu schaffen. Hinter seiner bürgerlichen Fassade als Handwerker kämpft er erfolglos gegen seine dämonische Besessenheit als Künstler. Er kann sich nicht von seinen Werkstücken trennen.

Die Verbrechen werden im Verlauf der Erzählung aufgeklärt. Insofern kann von einer Kriminalerzählung gesprochen werden.

Sie hat mit dem Fräulein von Scuderi eine Detektivin, doch entspricht sie nicht vollständig den herkömmlichen Vorstellungen. Zwar verhält sie sich wie ein gewöhnlicher Detektiv, indem sie Informationen sammelt, Annahmen verifiziert und falsifiziert sowie nach Gründen und Motiven forscht. Aber sie weicht auch deutlich vom üblichen Verhalten ab:

Das Fräulein von Scuderi: die Detektivin

→ Sie entzieht Madelon dem Zugriff der Polizei und will la Regnie günstig für Olivier stimmen.
→ Sie hat Zugang zu den Vertretern von Polizei und Justiz und versucht, auf sie ihren Einfluss auszuüben.
→ Nach dem Gespräch mit la Regnie appelliert sie an seine Menschlichkeit.
→ Sie erhält Zugang zu Olivier, den sie in ihrem Haus sprechen darf.

3.7 Interpretationsansätze

→ Die Scuderi geht völlig anders vor als Polizei und Justiz. Sie folgt ihrer Eingebung, Ahnung, inneren Stimme. Sie ahnt hinter allem Geheimnisse.

Rätselhaft sind der nächtliche Besuch Brussons, das von ihm zurückgelassene Schmuckkästchen, der Zwischenfall bei der Ausfahrt mit der Glaskutsche, die Juwelenmorde, der Mord an Cardillac. Alle Rätsel werden gelöst, wenngleich nicht durch die Scuderi, und zwar weit vor Ende der Erzählung. Sie werden alle durch Brusson aufgeklärt. Er löst alle Rätsel, selbst diejenigen, die vorher nicht gestellt wurden, wie etwa Cardillacs Doppelexistenz. Sein Bericht gewährt einen tiefen Blick in die Künstlerproblematik. Auch erklärt sich aus seinem Bericht gegenüber der Scuderi, weshalb er sich nicht durch eine vollständige Aussage aus seiner Lage befreit. Er erkennt seine Schuld an und möchte Madelon nicht verlieren.

Kriminalerzählung – Detektivgeschichte

Der Text ist eine Kriminalerzählung, geht aber darüber hinaus. Er ist am Anfang noch keine Detektivgeschichte, weil die Scuderi erst allmählich hineingezogen wird. Am Ende ist der Text keine Detektivgeschichte mehr, denn die Verbrechen werden schnell aufgeklärt – nicht durch die Detektivin, sondern durch den unschuldig Verdächtigten, der allerdings in anderer Hinsicht schuldig ist.

Erzählung über Rechtsfall und Liebende

Im weiteren Verlauf der Erzählung verschieben sich die Gewichte hin zur Rechtsproblematik und Liebesgeschichte. Es geht um die Frage, wie die jungen Liebenden Madelon und Olivier gegen alle Widerstände zusammenfinden. Dafür wird die Scuderi zur Rechtsexpertin und gewandten Rednerin, die selbst den König beeindruckt. Der König muss die Probleme lösen, aus denen sich die Beteiligten nicht befreien können.

Populäre und anspruchsvolle Literatur

Züge populärer Erzählungen über Kriminalfälle und Liebesgeschichten sind verbunden mit Merkmalen von anspruchsvollen Erzählungen über detektivische Strategien, komplizierte Rechtsfälle und existenzielle Gefährdungen von Künstlern. Daher greifen

3.7 Interpretationsansätze

terminologische Fragen oder gattungstypologische Zuordnungen zu kurz.

Recht

Das Verbrechen ist im Text von Anfang an gegenwärtig. Es verbreitet Angst und Misstrauen zwischen den Menschen und zerstört die Grundlagen von Gesellschaft und Familie. Es umfasst alle gesellschaftlichen Schichten und zielt auf materiellen und sinnlichen Genuss. Das Verbrechen spiegelt den moralisch verkommenen Zustand der Gesellschaft und ein Bild des Menschen, der heuchlerisch ist und von Leidenschaften getrieben wird. Um die Verbrechen zu bekämpfen, benutzen die staatlichen Organe dieselben Methoden wie die Verbrecher, nämlich List und Verstellung. Mit blindem Eifer ergreifen sie Schuldige und Unschuldige. Bei den Nachforschungen herrschen Voreingenommenheit und Willkür. Nur ein Schuldnachweis kann am Ende stehen. Dafür sind alle Mittel recht, auch die Folter.

Verbrechen

Die Giftmorde und die tödlichen Raubüberfälle beunruhigen die Pariser Gesellschaft. Die Liebhaber haben Angst, die alle Liebeslust tötet. Die Ausübung des Verbrechens und seine Bekämpfung schaukeln sich gegenseitig hoch. Der König richtet mit der Chambre ardente ein Sondergericht ein und erweitert die Befugnisse von Polizei und Justiz. Der Kampf gegen das Verbrechen wird von Desgrais und la Regnie persönlich genommen. Ihr Aussehen und Charakter werden durch die Tätigkeit bestimmt (Desgrais: Tücke, Schadenfreude, Wut; la Regnie: Häme). Die Chambre ardente „nahm ganz den Charakter der Inquisition an, der geringfügigste Verdacht reichte hin zu strenger Einkerkerung, und oft war es dem Zufall überlassen, die Unschuld des auf den Tod Angeklagten darzutun." (HL S. 12/R S. 12) Als alle Bemühungen scheitern, soll der König einen neuen Gerichtshof mit erweiterten Befugnissen einsetzen, doch er weigert

Verbrechen und seine Bekämpfung

3.7 Interpretationsansätze

sich, weil ihm schon das jetzige Verhalten la Regnies unheimlich ist („der blutgierige la Regnie", HL S. 15/R S. 16).

In dieser zugespitzten Situation wird der Goldschmied René Cardillac ermordet aufgefunden. An diesem Fall scheitern Desgrais und la Regnie. Beide haben ein eingeschränktes Menschenbild, das die Scuderi nach einer Begegnung mit la Regnie beschreibt. Daher appelliert sie an seine Menschlichkeit:

> „Es war ihr, als könne vor diesem schrecklichen Manne keine Treue, keine Tugend bestehen, als spähe er in den tiefsten, geheimsten Gedanken Mord und Blutschuld. Sie stand auf. ,Seid menschlich', das war alles, was sie beklommen, mühsam atmend hervorbringen konnte." (HL S. 33/R S. 39)

Indizien und innere Stimme

Der juristischen Methode des Indizienbeweises setzt die Scuderi die Ahnung, die innere Stimme entgegen; dem Bild des Menschen, der nur auf Besitz aus ist, setzt sie den liebenden, verständnisvollen Menschen gegenüber. Sie erfährt von Brusson, was die Justiz nicht herausgefunden hat – nicht einmal unter Androhung der Folter.

Versagen der Justiz

Die Scuderi verlangt, dass der Richter menschlich sein soll. Sie erfährt, dass die Dinge anders liegen als der klare Verstand zeigt: Es gibt keine Bande, Olivier bekennt sich schuldig, aber nicht des Mordes an Cardillac. Seine Schuld ist anderer Art. Er hat Kenntnis von Cardillacs Verbrechen. Olivier hat ein Motiv dafür, dass er sein Wissen für sich behalten hat, und das ist nicht materieller Art. Die Justiz kommt Cardillac nicht auf die Spur. Seine Verbrechen sind „Geheimnisse des verruchtesten und zugleich unglücklichsten aller Menschen" (HL S. 44/R S. 53). Die Polizei kann sie nicht aufklären. Sie entspringen der unergründlichen Tiefe der menschlichen Seele und den Bedingungen des künstlerischen Schaffens, von denen polizeiliches Handeln und juristisches Denken keine Ahnung haben.

3.7 Interpretationsansätze

In beiden Fällen geht es um Leidenschaften, die den Menschen schuldig werden lassen. Die Justiz versteht sie nicht.

Die in der Erzählung dargestellten Verhältnisse haben einen zweifachen historischen Bezug. Sie spielt im Zeitalter Ludwigs XIV. Die Quellen zeigen Personen, Ereignisse und gesellschaftliche Verhältnisse, die Hoffmann für seine Darstellung genutzt hat. Dazu gehört auch das Rechtswesen. Darin wirkt in Frankreich die Erinnerung an den letzten Adelsaufstand der Fronde (1648–1653) nach. Der Adel ist entmachtet, das Königtum herrscht unangefochten; aber die Angst vor einer Wiederkehr der alten Verhältnisse beherrscht den König und die Stützen seines Systems. Insofern ist die politische Situation immer noch widersprüchlich. Vor diesem historischen Hintergrund spielt Hoffmanns Erzählung.

Historischer Hintergrund der Erzählung

Hoffmann schrieb die Erzählung *Das Fräulein von Scuderi* im ersten Halbjahr 1818. Der Erstdruck erschien im Herbst 1819. Sie wurde im Jahr 1820 in den dritten Band der *Serapionsbrüder* aufgenommen. Die Politik dieser Zeit ist geprägt von äußerer Ruhe (Restauration, Biedermeier) und oppositionellen Bestrebungen der akademischen Jugend (Gründung der Burschenschaften 1815, Wartburgfest 1817). Die Bewegung soll durch die Karlsbader Beschlüsse von 1819 (Verbot der Burschenschaften, Verfolgung der „Demagogen", Überwachung der Presse und Universitäten) bekämpft werden. Als Mitglied der „Immediatkommission" sollte Hoffmann den politischen Erwartungsdruck im Verfahren gegen den „Turnvater" Jahn umsetzen. Doch er kam im Gegensatz zum Polizeidirektor Kamptz zu dem Schluss, dass Jahns Inhaftierung unbegründet sei. Ein Beschuldigter sei nach seinen Taten und nicht nach seiner Gesinnung zu beurteilen.

Hoffmanns zeitgenössischer Hintergrund

Die in der Erzählung geübte Kritik am Rechtswesen zielt durchaus auf die preußische Justiz und ihren Einsatz in der politischen Bekämpfung der Opposition ab. Hoffmanns Dienstherr hat das auch

3.7 Interpretationsansätze

so verstanden; die Kommission wurde entmachtet und Hoffmann disziplinarisch belangt. Das Argument der dichterischen Freiheit und der Verweis auf die zeitliche Ferne des Absolutismus haben den Zugriff des Dienstherrn auf den als Jurist beamteten Dichter mildern, aber nicht abwenden können.

4. REZEPTIONSGESCHICHTE

> Beim breiten Lesepublikum war die Erzählung erfolgreich; auch bei den Rezensenten war die Aufnahme positiv. Von der literaturkritischen und intellektuellen Gemeinschaft wurde Hoffmann kritisiert und abgelehnt. Von seinen Werken wurde noch am ehesten *Das Fräulein von Scuderi* geschätzt.

ZUSAMMEN-FASSUNG

Hoffmann wurde zu Lebzeiten viel gelesen. Seine Texte waren in Almanachen und Jahrbüchern weit verbreitet. *Das Fräulein von Scuderi* gehört zu den Erzählungen, die am meisten geschätzt wurden. Ein Hinweis auf den großen Erfolg ist, dass der Verlag der Brüder Friedrich und Heinrich Wilmans seinem Autor über das Honorar hinaus aus Dankbarkeit 50 Flaschen Rheinwein für das erfolgreiche Werk zukommen ließ.

Beim Erscheinen des Werks reagierten die Rezensenten positiv oder wohlwollend. Im „Morgenblatt für gebildete Stände" bezeichnet Therese Huber im Jahr 1819 die Erzählung als „spannend und gut kostümiert."[10] Charlotte von Schiller ist von der Lektüre begeistert. Sie schreibt 1820: „Es ist das Beste, was ich von Hoffmann gelesen; es ist so schön erzählt, so verständig und in einer Folge dargestellt, dass man sich daran erfreuen muss."[11]

Positive Aufnahme bei den Rezensenten

In das Lob mischen manche Rezensenten aber auch Kritik, indem sie *Das Fräulein von Scuderi* gegen andere Werke Hoffmanns absetzen oder Schwächen des Werks durch die Erzählweise kompen-

---

10 Zit. nach Lindken: *E. T. A. Hoffmann, Das Fräulein von Scuderi.* Stuttgart: Reclam, 2001 (Erläuterungen und Dokumente Band 8142), S. 42.
11 Zit. nach ebd.

siert sehen. So preist ein Rezensent im Jahr 1820 die erzählerische Fähigkeit Hoffmanns: „Der charakteristische Wert dieser Darstellung scheint uns in der genialen Leichtigkeit zu liegen, mit der der Vf. nicht geringe Unwahrscheinlichkeiten beseitigt."[12]

Kritische Einstellung zu Hoffmann

Von der literaturkritischen und intellektuellen Gemeinschaft wurde Hoffmann kritisiert und auch abgelehnt. Am ehesten wurde noch *Das Fräulein von Scuderi* geschätzt[13]. Die Gründe für die wechselhafte Einstellung gegenüber Hoffmann liegen in der Sicht der Person Hoffmanns, seiner Schreibweise und seinen Ansichten.

Goethe nahm die Erzählung *Der goldne Topf* erst 1827 auf dem Umweg über eine Übersetzung von Thomas Carlyle (1795–1881) zur Kenntnis: „Den goldnen Becher angefangen zu lesen. Bekam mir schlecht; ich verwünschte die goldnen Schlänglein."[14] Die falsche Wiedergabe des Titels lässt die Ablehnung ebenso erkennen wie die unsichere Materialgrundlage. Noch deutlicher äußerte er sich nach der Lektüre eines Artikels von Walter Scott (1771–1832):

> „(…) denn welcher treue, für Nationalbildung besorgte Teilnehmer hat nicht mit Trauer gesehen, dass die krankhaften Werke jenes leidenden Mannes lange Jahre in Deutschland wirksam gewesen und solche Verirrungen als bedeutend fördernde Neuigkeiten gesunden Gemütern eingeimpft wurden."[15]

Fantasie und Krankheit

Während sich das zeitgenössische Lesepublikum durch Hoffmanns fantastische Schreibweise angesprochen fühlte, erschien sie manchem Dichterkollegen Hoffmanns (Goethe, Eichendorff, Jean Paul,

---

12 Zit. nach ebd.
13 Vgl. Kaiser: *E. T. A. Hoffmann*. Stuttgart: Metzler, 1988, S. 169 ff.
14 Zit. nach Feldges/Stadler: *E. T. A. Hoffmann. Epoche – Werk – Wirkung*. München: Beck, 1986, S. 64.
15 Zit. nach Nehring: *E. T. A. Hoffmanns Erzählwerk. Ein Modell und seine Varianten*. In: Zeitschrift für deutsche Philologie, 95, Sonderheft 1976, S. 3–24.

Heine) als Ausdruck von Überspanntheit und Krankheit. Die Leser schätzten an ihm das Gruseln und Grausen, die er ihnen durchaus schaffen wollte, die aber in komplexen Werken, wie z. B. dem *goldnen Topf* oder dem *Fräulein von Scuderi*, im tieferen Zusammenhang mit einem umfassenden künstlerischen Subjektivismus stehen. Der exzentrische romantische Künstler distanzierte sich von den als Philister kritisierten Bürgern, die zwar seine vielen Talente anerkannten, aber ansonsten an seiner überzogenen Schreibweise und seinem ausschweifenden Lebenswandel Anstoß nahmen.

Hoffmann war in Bezug auf Denken, Ästhetik und Schreibweise eigenständig im Verhältnis zu seinen Zeitgenossen, den Schriftstellern ebenso wie den Lesern. Er hatte viel Erfolg aufgrund der Oberflächenreize, fand Anerkennung, war aber zugleich heftig umstritten. Dass er anspruchsvoller sein wollte und war, wurde nicht wahrgenommen. Die Gründe, die ihn umstritten machten, führten nach seinem Tod zu einer starken und lange andauernden Ablehnung. Schriftstellerkollegen, die ihn verteidigten, fanden sich nicht mehr. Die Leser und Schriftsteller des Jungen Deutschland und des Biedermeier hatten andere Fragen und Erwartungen. Mehr Interesse fand E. T. A. Hoffmann bei Musikern (Robert Schumann, Richard Wagner, Jacques Offenbach) und im Ausland, besonders in Frankreich und England.

Seit der Jahrhundertwende und verstärkt seit der Mitte des 20. Jahrhunderts ist eine intensive Beschäftigung mit dem Werk E. T. A. Hoffmanns festzustellen. Sie ist u. a. auf verschiedene Literaturkonzepte zurückzuführen, die sich mit der literarischen Produktion und Rezeption, der virtuosen Erzähltechnik, der Rolle des Lesers und der Sinnkonstituierung befassen. Für derartige Fragestellungen bietet Hoffmanns Schreibweise durch ihre Ironie, ihre häufigen Perspektivierungen und Brechungen viele lohnende Ansatzpunkte. In diesem Zusammenhang hat die Künstlerproblematik der Erzählung *Das Fräulein von Scuderi* dazu beigetragen, dem Werk seine durchgängige Anerkennung zu sichern. Davon zeugen auch die vielen künstlerischen Bearbeitungen unterschiedlicher Art bis in die Gegenwart hinein.

5. MATERIALIEN

Aufbau

Gisela Gorski kommt im Hinblick auf den Aufbau der Erzählung *Das Fräulein von Scuderi* auf 20 Abschnitte. Der Vergleich der Erzählfolge und der Reihenfolge in der Wirklichkeit lässt die Chronologie der Ereignisse und die Rückblenden erkennen.[16]

ERZÄHLFOLGE DES BUCHES	REIHENFOLGE IN DER WIRKLICHKEIT
	Diamantenerlebnis von Cardillacs Mutter
	Cardillac wird Goldschmied.
	Cardillac wird zum Dieb.
	Cardillac kauft das Haus mit der Geheimtür: äußerer Anlass für das Nachgeben seiner inneren Stimme gegenüber; Cardillac wird zum Mörder.
	Geschichte der Verse der Scuderi beim König
	Cardillac bringt der Scuderi Juwelenopfer.
1. Nächtlicher Besuch bei der Scuderi	= Olivier kann die Scuderi nicht sprechen.
2. Einschub: Überblick über Giftmorde, Verhalten der Justiz und Juwelenmorde	
3. Der Morgen nach dem Besuch	

---

16 G. Gorski: *E. T. A. Hoffmann: Das Fräulein von Scuderi*. Stuttgart: Heinz, 1980, S. 32 f.

ERZÄHLFOLGE DES BUCHES	REIHENFOLGE IN DER WIRKLICHKEIT
(4.) Bei der Maintenon – Cardillac Einschub: Beschreibung seiner Arbeitsweise Cardillac tritt auf.	
5. Scuderi als Goldschmiedsbraut beim König	Cardillac scheint Scuderi ermorden zu wollen.
(6.) Monate später: Scuderi in der Kutsche; Warnung	= Olivier warnt die Scuderi. Scuderi vergisst, den Schmuck zurückzugeben. Mordnacht: Cardillac fällt einen Offizier an und wird von diesem erstochen; Olivier trägt ihn nach Hause.
7. Scuderi bei Cardillac; Verhaftung Oliviers; Mitnahme Madelons	Am nächsten Morgen wird Olivier verhaftet; Scuderi sieht ihn aber nicht.
8. Mordereignisse der vergangenen Nacht aus Madelons Sicht; Scuderi will helfen.	
9. Scuderi bei la Regnie; Zweifel an Oliviers Unschuld	
10. Scuderi bei Olivier; Überzeugung von Oliviers Schuld; Gewissensbisse der Scuderi	
11. Scuderis Gespräch mit Desgrais	
12. Olivier bei Scuderi; Erzählung Oliviers	= Anne Guiot bei Scuderi in Diensten, heiratet C. Brusson; Sohn = Olivier; Eltern nach Genf, gestorben, daher Olivier zu Cardillac in die Lehre als Goldschmied.
13. Scuderis Brief an la Regnie; Antwort darauf	
14. Scuderi beim Rechtsanwalt	
15. Offizier, der Cardillac getötet hat, meldet sich bei Scuderi.	

ERZÄHLFOLGE DES BUCHES	REIHENFOLGE IN DER WIRKLICHKEIT
16. Rechtsanwalt, Offizier und Scuderi beraten sich.	
17. Scuderi beim König	
18. Nachprüfungen des Königs	
19. Scuderi beim König: Olivier kommt frei.	
20. Schmuck wird an Opfer (oder Kirche) zurückgegeben.	

Hellmuth Himmel sieht in der Erzählung eine Dreiteilung, doch wichtiger ist ihm die Verflechtung der Handlungsstränge.

„Betrachtet man die Novelle lediglich als eine Kriminalgeschichte, so wird man ihr nicht nur inhaltlich, sondern auch im Kompositorischen nicht gerecht. Zwar hat Hoffmann mit der Dreiteilung: geheimnisvolle Verbrechen – Aufklärung – Herstellung der Gerechtigkeit das klassische Schema dieser Gattung aufgestellt; sein besonderer Kunstgriff besteht jedoch darin, drei Handlungen zu verflechten, die mit den eben angedeuteten drei Abschnitten nicht zusammenfallen. Wir wollen diese drei Teilnovellen weiterhin nach ihren Zentralfiguren benennen."[17]

Betrachtung als Kriminalgeschichte wird dem Text nicht gerecht

Die Cardillac-Novelle skizziert H. Himmel folgendermaßen:

„Da ist zunächst die Cardillac-Novelle: Durch einen vorgeburtlichen Einfluss wird in ihm jene Beziehung zur Welt der Edelsteine und -metalle geweckt, die ihn zum unvergleichlichen Goldschmied, aber

Vorgeburtlicher Einfluss

---

[17] H. Himmel: *Schuld und Sühne der Scuderi. Zu Hoffmanns Novelle.* In: E. T. A. Hoffmann. Hrsg. von Helmut Prang. Darmstadt: Wissenschaftliche Buchgesellschaft, 1976, S. 216.

auch zum Mörder um seines Werkes willen macht. (...) Ein Wendepunkt tritt ein, indem Cardillac dem Fräulein ein Schmuckopfer bringt. Doch nur für einige Zeit ist er vom ‚Mordgespenst' befreit: Der ‚böse Stern' erlangt das Übergewicht, und der Goldschmied fällt ihm nun selbst zum Opfer."[18]

Die Olivier-Novelle ist durch den Gewissenskonflikt gekennzeichnet:

Gewissenskonflikt als Kern der Olivier-Novelle

„Die Olivier-Novelle, durch die Gestalt seiner Mutter mit dem Lebenskreis der Scuderi verknüpft, hat als Kern den Gewissenskonflikt des Gesellen, der Zeuge von Cardillacs Mordtaten wird, jedoch aus Liebe zu Madelon schweigt. Er erhofft eine Wendung, wenn es ihm gelänge, das Fräulein zu sprechen; doch ehe dies möglich ist, gerät er durch die Verkettung der Umstände beim Tode des Meisters selbst in Verdacht, der Mörder Cardillacs und Mitglied der imaginären Schmuckräuberbande zu sein, vor der Paris zittert."[19]

Die Scuderi-Novelle ist vor allem am Anfang und Ende gegenwärtig. Der Anfang ist vom Motiv der Ohnmacht geprägt.

„Die Scuderi-Novelle beginnt nun mit einer Folge rätselhafter Begebenheiten, wobei ein Ohnmachtsmotiv die Glieder einer Beweiskette gegen Olivier kennzeichnet. Die Martiniere, die schon beim Eindringen des Gesellen ins Haus ‚zu Boden gesunken' ist, wird ohnmächtig, wie sie den sich an den Wagen drängenden Jüngling erkennt; inzwischen war das Fräulein ‚halb ohnmächtig' geworden, als es im Schmuck ein Geschenk der vermeintlichen Bande erkannt

---

18 Ebd.
19 Ebd., S. 216 f.

hatte. Endlich führt die Begegnung mit dem verhafteten Olivier eine Ohnmacht herbei, weil die Scuderi statt des unschuldigen Unbekannten, den sie nach der Darstellung Madelons erwartet, den Warner aus der Wagenepisode erkennt. Die Welt der Tugend, an die sie geglaubt hat, bricht ihr zusammen. Damit schließt der erste Teil der Scuderi-Novelle und der erste Abschnitt der Gesamterzählung."[20]

Am Ende wird die Scuderi-Novelle wieder aufgenommen. Dabei geht es nach H. Himmel um mehr als die Unschuld Brussons.

„Hoffmann verfährt scheinbar umständlich – denn es geht ihm um mehr als um die äußere Lösung. Die Scuderi-Novelle hat sich nicht nur mit der Olivier-Novelle verknüpft, sondern – in einer tieferen Schicht und entscheidender – auch mit der Cardillac-Novelle. Der Goldschmied war es ja, der auf die Verse des Fräuleins hin zu handeln begann; Olivier hat seinen Auftrag ausgeführt, wenn er auch eine eigene Nebenabsicht damit zu verbinden hoffte. Man würde daher eine Verflachung der Hoffmannschen Komposition gegen das Ende hin voraussetzen, wollte man im Schlussteil nur den Kampf der Scuderi um die Freiheit Oliviers sehen."[21]

Verknüpfung der Novellen

Klaus Kanzog gliedert die Erzählung in sechs Abschnitte: in die dramatische Exposition, die epische Exposition, die eigentliche Handlung, den Mord an Cardillac, die Erzählung Oliviers und die Rettungsversuche der Scuderi. Er schließt daraus, dass der Text eine „offene Form" habe. Statt des Kriminalfalls gehe es um einen Rechtsfall.

---

20 Ebd., S. 217.
21 Ebd., S. 219.

Hervortreten der Rechtsproblematik	„Dieser Handlungsaufbau zeigt, besonders in der fünften Phase, eine Schwergewichtsverlagerung, ein Zurücktreten der kriminalistischen Elemente zugunsten der Rechtsproblematik der Erzählung, die durch die Gnade des Königs in ihrem formaljuristischen Gehalt ebenfalls eingeschränkt wird und auf die von Hoffmann letztlich gemeinte Dämonie des Künstlers Cardillac und seines Werkes weist. Die Serapionsbrüder nennen die Erzählung ‚deshalb wahrhaft serapiontisch, weil sie, auf geschichtlichen Grund gebaut, doch hinaufsteige ins Fantastische'. Mit diesem Begriff des ‚Fantastischen' ist der des ‚Kriminalistischen' bereits gesprengt. Doch werden die kriminalistischen Elemente von der Erzählung nicht vollständig absorbiert, sie sind vielmehr mit dem Kompositionsgefüge untrennbar verbunden und erhalten erst aus ihm ihren Sinn. Die kriminalistische Erzählform erweist sich als ein Katalysator, der, in seiner ursprünglichen Bedeutung aufgefasst, jeweils eine Änderung der Reaktionsgeschwindigkeit innerhalb der Erzählung herbeiführt.
Offene Form	Hoffmanns kriminalistische Erzählform ist also keine in sich geschlossene, sondern eine ‚offene' Form. Der Leser nimmt zunächst nur Bruchstücke wahr, die er anfangs zu keinem Gesamtbild zusammenzusetzen vermag. Dieses Zusammensetzen erschwert Hoffmann zusätzlich dadurch, dass er die Chronologie der Ereignisse, bei gleichzeitiger Wahrung des logischen Erzählzusammenhangs, durchbricht, einzelne Phasen herauslöst und in anderer, nachträglicher Reihenfolge bietet. Stellt er dabei auch dem Leser die Aufgabe, den Täter selbst zu ermitteln, so erschwert er sie ihm zugleich durch leitmotivisch anmutende Spannungselemente. Damit ist schon bei Hoffmann die später für die Beurteilung der Kriminalliteratur entscheidende Frage gestellt, ob der Leser überhaupt mitdenken oder

sich nur überraschen lassen soll. Hoffmann lässt beide Möglichkeiten offen."[22]

Stil und Sprache

Gisela Gorski stellt fest, dass wir es in der Erzählung mit einem auktorialen Erzähler zu tun haben. Sie arbeitet Unterschiede zwischen dieser Erzählung und anderen Erzählungen Hoffmanns heraus:

„Wir haben es hier mit einem auktorialen Erzähler zu tun, der alles weiß, auch die Gefühle und die Ahnungen der Hauptpersonen, wobei allerdings keine Angaben darüber gemacht werden, woher er sein Wissen bezieht, ob aus Tagebüchern, anderen gefundenen Aufzeichnungen oder z. B. aus Gesprächen; d. h. also, der Erzähler versucht, den Leser nicht durch fingierte Angaben von der Wahrheit seines Berichtes zu überzeugen.

Dass es sich um einen allwissenden Erzähler handelt, ist nicht nur aus der Innensicht, sondern auch aus der Struktur der Erzählung, aus den Rücksendungen und Vorausdeutungen ersichtlich.

Erstaunlich ist jedoch das völlige Fehlen von Leseranreden und fast ganz fehlende Stilmittel der ironischen Anmerkungen des Erzählers in der ‚Scuderi', gehören diese doch gerade zu den häufig verwendeten Schnörkeln des Hoffmannschen Stiles."[23]

Auktorialer Erzähler

Besonderheiten der Erzählung

Helmut Müller untersucht die Formelhaftigkeit der Sprache in Hoffmanns Erzählung, die sich in der Häufung einiger Wörter zeigt. In

---

22 K. Kanzog, *E. T. A. Hoffmanns Erzählung „Das Fräulein von Scuderi" als Kriminalgeschichte*. In: E. T. A. Hoffmann. Hrsg. von Helmut Prang. Darmstadt: Wissenschaftliche Buchgesellschaft, 1976. S. 310 f.
23 G. Gorski, S. 36 f.

dem vermeintlichen Defizit entdeckt er einen Zug, der für die dichterische Gestalt dieser Erzählung spezifisch ist.

Schon bei flüchtigem Überlesen fällt die Häufigkeit gewisser, schon an sich bedeutungsstarker Wörter auf. Wie ein dichtes Netz überziehen *Entsetzen/entsetzlich, verrucht, fürchterlich, grässlich, Angst/beängstet, teuflisch, höllisch* die Seiten. So ist *verrucht* (20mal) sozusagen stehendes Attribut der Giftmörder und Cardillacs, wo von ihm als Mörder gesprochen wird. Im Munde Oliviers, Miossens und des Volkes erscheint dieses an sich schon starke Wort auch im Superlativ. Häufiger ist aber *Entsetzen/entsetzlich*. Es gehört zwar auch sonst zum eisernen Bestand des Wortschatzes Hoffmanns. Auf den 89 Seiten der Harichschen Ausgabe ist es jedoch 44mal zu lesen. Haftet an *verrucht* noch eine gewisse ethische Nuance, so drückt *Entsetzen/entsetzlich* die entsetzende und bei Hoffmann immer auch entstellende Wirkung von etwas auf den Menschen aus. Der Dichter mag es manchen bedeutungsähnlichen Ausdrücken vorgezogen haben, weil in ihm die körperlichen Begleiterscheinungen stärker ins Bewusstsein fallen als etwa bei *fürchterlich* oder *grässlich*. Dieses Entsetzen nun ergreift fast alle Personen der Geschichte, so die würdige Greisin von Scuderi, den gutmütig treuen Baptist, den Engel Madelon, den ausgezeichneten Gesellen Olivier, den besessenen Meister Cardillac, die Masse des Pariser Volkes, und fast ausnahmslos brauchen sie auch selber dieses Wort. Ebenso werden sie beinahe unterschiedslos von Todesangst ergriffen, verlieren sie die Sprache, *erbeben* angesichts des Entsetzlichen (sogar der König) und geraten *außer sich* (sogar Degrais). Die mit diesen wiederholten Ausdrücken bezeichnete Reaktion vollzieht sich mithin im Rahmen unserer Erzählung jenseits der Individualitäten. Auch spielen in diesen Randzonen des Erlebens Nuancen keine Rollen mehr. Es fehlen Feinheiten der Abstufung. Wo etwa statt *entsetzlich fürchterlich* oder *grässlich* eingesetzt wird, liegt kaum ein Bedürfnis nach nuancierter Charakterisierung, sondern eher der Wille abzuwechseln zugrunde, unter Beibehaltung der extremen Erlebnislage. Olivier etwa ist durch und durch rechtschaffen und von unkomplizierter Eindeutigkeit. Aber in der Verzweiflung über seine tragische Situation lässt der Erzähler ihn vorübergehend den schematischen Habitus eines Mörders annehmen: ‚Der Mensch stieß einen dumpfen Seufzer aus, blickte die Martiniere starr an mit entsetzlichem Blick und griff nach dem Stilett' (S. 6).

Der Zweck dieser dem Charakter Oliviers eigentlich nicht angemessenen, formelhaften (und sprachlich missglückten: ‚blickte ... mit ... Blick!') Überzeichnung liegt auf der Hand: Sie soll der äußeren Spannung dienen. Gleich von Anfang an will der Erzähler den Leser in die Atmosphäre von Angst, Grauen und Unmenschlichkeit einführen. Auch die treue und standhafte Martiniere, die Olivier den Zugang zur Dichterin verwehrt, wird in dessen Munde kurz darauf gleich zum ‚entsetzlichen Weib' (S. 6). Angemessener empfindet man das Entsetzen Oliviers vor den Foltern, die ihm die Chambre ardente angedroht hat. Auch Cardillacs Entsetzen vor der ‚Todesfolter' des Bewusstseins unheilbarer Besessenheit kann nicht als hyperbolische Formel bezeichnet werden, so wenig wie die ‚entsetzliche' innere Angst vor einem Drohenden, ‚dessen Schauer aus einem fernen Jenseits herüberwehen in die Zeit' (S. 60). Ja es scheint, als ob gerade in dem Entsetzen Cardillacs vor der metaphorischen ‚Todesfolter' das eigentliche, die andern ‚Entsetzen' zeugende ‚Entsetzen' liege. Eben darin sehen wir das Dichterische und Unnachahmliche dieser Erzählung: Wie sich das Satanische in der Psyche des einen Menschen Cardillac veräußert, projiziert und vervielfältigt im kriminellen Geschehen einer Weltstadt; wie die innere Folter auch als reale Folter in der Schicht des Stofflichen erscheint und wie der in vielen Werken Hoffmanns formelhaft verwendete metaphorische Dolchstoß ins Herz jetzt als wirklicher, grauenhaft sauberer und wirksamer Dolchstoß, vor dem kein Pariser sich sicher fühlen darf, Nacht für Nacht ausgeführt wird."[24]

Interpretationszugänge

Barbara von Korff-Schmising vergleicht die Zeit, in der die Erzählung spielt, mit E. T. A. Hoffmanns eigener Zeit und entdeckt Gemeinsamkeiten.

Gegensätze

„Hoffmanns Erzählung hebt die im Verborgenen agierenden, noch nicht gänzlich überwundenen Widerstände ans Licht, die gegen die neuen Mächte weiterwirken. Die übermäßige Reaktion der Justiz auf die Giftaffäre, in die der funktionslos gewordene Adel verstrickt war, weist auf die königliche Angst und ministerielle Panik, das soeben Gewonnene – die unangefochtene, zentrale Macht – zu verlieren. Als liebenswerte Personifizierung einer gewaltsam unterdrückten, galanten und ritterlichen Epoche des Barock tritt uns Magdaleine von Scuderi gegenüber, die Dichterin Madeleine de Scudéry (1607–1701), zum Zeitpunkt der Erzählung über 70 Jahre alt.

Wechselhafte Zeiten

E. T. A. Hoffmann, selbst ein Kind wechselvoller politischer Zeiten, geprägt durch die napoleonischen Kriege, das Nebeneinander von Rokoko und Klassizismus, von Romantik und Aufklärung, von Reformen und Restauration, hat in den Antagonismen des ausgehenden französischen 17. Jahrhunderts die Gegensätzlichkeiten der eigenen Epoche wiedererkannt. Er wählte für seine historische

---

[24] H. Müller: *Untersuchungen zum Problem der Formelhaftigkeit bei E. T. A. Hoffmann.* Bern: Haupt, 1964, S. 83 f.

Erzählung eine Gesellschaft in der Krise, weil er seine eigene Gesellschaft als krisenhaft empfand."[25]

Hellmuth Himmel vergleicht die Situation des Schriftstellers E. T. A. Hoffmann mit der seiner Künstlerfiguren in der Erzählung und entdeckt Gemeinsamkeiten.

„Die Novelle ‚Das Fräulein von Scuderi' hängt jedoch nicht nur mit jenem gewissermaßen abstrakten Künstlerproblem, sondern ebenso sehr mit dem Gesamtwerk Hoffmanns selbst zusammen.

Die Gegenüberstellung der Kunstwelten des Fräuleins und des Goldschmieds mag nicht zuletzt aus seiner eigenen Erfahrung stammen: An den Taschenbuchaufträgen arbeitend, dürfte er sich als Scuderi gefühlt haben, die das Unterhaltungsbedürfnis der Zeit befriedigt und unversehens an Tiefen rührt, die dem oberflächlichen Leser verschlossen bleiben – wie auch das Epigramm der Scuderi nur von Cardillac voll verstanden wird, der im Zwange jener dämonischen Mächte lebt, von deren Fittich das Fräulein nur gelegentlich wie im Traume gestreift wird. Hoffmann selbst wehrt sich gegen die Versuchung zur Vielschreiberei, die der literarische Betrieb mit sich bringt, recht humorvoll, indem er einmal gegen das ‚unselige Vorurteil, dass ich an der schriftstellerischen Diarrhöe leide', protestiert (XV, 328); auch ein Taschenbuchbeitrag setze einen ‚recht ordentlichen Gedanken' voraus, heißt es in diesem Brief weiter. Dass ihm aber die Cardillacsche Abneigung dagegen, ein Werk aus den Händen zu geben, recht nahe lag, zeigt die Weigerung, die ‚lichten Stunden eines wahnsinnigen Musikers' drucken zu lassen, in Verbindung mit der Reue über das Erscheinen des ersten Bandes

Vergleich der Künstlerfiguren mit Hoffmann

---

[25] Hoffmann, Ernst Theodor A./Barbara von Korff-Schmising: *Das Fräulein von Scuderi. Erzählung aus dem Zeitalter Ludwig des Vierzehnten*. Frankfurt am Main: Suhrkamp, 2001, S. 95.

der ‚Elixiere' (XV, 234). Für diese Begierde nach Alleinbesitz des Werkes, die in ihrer Erfüllung zur Gleichsetzung von Künstler und Werk, damit aber zu ihrem gemeinsamen Sturz in den Abgrund der Vernichtung werden müsste, erkennt der Dichter eine Erlösungsmöglichkeit durch die Frau höchster Tugend, durch die Seelenbraut, die den Künstler, damit aber die Kunst selbst mit Gott versöhnt, die prometheische Schöpfung in die Einheit des Seins führt."[26]

Rezeption

Die Rezeption E. T. A. Hoffmanns hat Walther Killy im Begründungs- und Wirkungszusammenhang folgendermaßen beschrieben:

„H.s Werk eroberte breite Leserkreise, stieß aber auf die Ablehnung fast aller bedeutender zeitgenöss. Autoren, von Goethe u. Hegel über Jean Paul, Tieck u. Brentano bis Börne. Die Kritik galt v. a. der neuartigen Erzähltechnik, die immer wieder die gewohnte Distanz des Lesers zu den Schrecken des Dargestellten zerstörte. Entscheidenden Einfluss auf die Rezeption nach H.s Tod gewann Walter Scott, dessen durch Goethe verbreitete Rezension von Fieberträumen eines kranken Gehirns sprach u. dazu die H.-Legende übernahm, die all die Motive von Kunst u. Wahnsinn, Liebesleid, Bürgerverachtung u. Punschvergnügen als Elemente einer großen, wenn auch ziemlich liederl. Konfession las. Sie bestimmt, nicht zuletzt kraft Offenbachs Oper, das populäre H.-Bild bis heute. Ein gerechteres Urteil bahnte sich in Deutschland erst um 1900 an. Scotts Rezension überschattete auch die Aufnahme in England u. den USA, sodass sich eine produktive Rezeption fast nur an Dickens u. Poe beobachten lässt. Dagegen begeisterte man sich in Frankreich, von

---

26 H. Himmel, S. 235 f.

Nodier über Balzac u. Hugo zu Baudelaire, für H., der hier noch heute zu den größten Autoren dt. Sprache zählt. In Russland hat er etwa auf Puschkin, Gogol u. Dostojewskij gewirkt; Tschaikowskij u. Meyerhold übertrugen H.sche Erzählungen auf die Bühne. Nachwirkungen reichen bis in die Weltliteratur des 20. Jhs., so zu Kafka, zu Pynchons V. u. zu einem Filmszenario von Tarkowskij."[27]

---

[27] W. Killy (Hrsg.): *Literaturlexikon*, Berlin: Directmedia, 2005, S. 8711.

6. PRÜFUNGSAUFGABEN MIT MUSTERLÖSUNGEN

Unter www.königserläuterungen.de/download finden Sie im Internet zwei weitere Aufgaben mit Musterlösungen.

Die Zahl der Sternchen bezeichnet das Anforderungsniveau der jeweiligen Aufgabe.

Aufgabe 1 *

Stellen Sie Kunst und Künstlertum der Scuderi dar. Untersuchen Sie dabei die Funktion des Epigramms.

Mögliche Lösung in knapper Fassung:

EINLEITUNG: MERKMALE DER DICHTUNG DER SCUDERI

Die Scuderi ist eine Dame von Stand und verkehrt bei Hofe. Sie schreibt ihre Romane und Verse für die höfische Gesellschaft. Sie dienen der Unterhaltung und dem Zeitvertreib einer auf Repräsentation bedachten Gesellschaft. Die Kunst verschafft der Scuderi gesellschaftliche Anerkennung. Voraussetzungen für den Erfolg sind der Esprit und die Pointe. Sie entsteht im Wettbewerb mit den Werken anderer Künstler, gegen die sie sich durchsetzen muss. Darüber entscheidet das Publikum bei Hof und im Salon. Die Kunst der Scuderi ist nicht gegenständlicher Art. Sie wird durch Schreiben und Vortragen geschaffen und durch Lesen und Hören aufgenommen. So entsteht das Epigramm.

ENTSTEHUNG DES EPIGRAMMS

Als die tödlichen Raubüberfälle trotz intensiver Bemühungen von Polizei und Justiz nicht enden, wenden sich die Kavaliere in einem panegyrischen Bittgedicht an den König. Es wird in der Erzählung in Prosa wiedergegeben. Die Scuderi, nach ihrer Meinung gefragt, antwortet mit dem Epigramm knapp und treffend: „Un amant qui craint les voleurs n'est point digne d'amour". Der König sieht darin „ritterlichen Geist" walten und verweigert dem Sondergericht weitere Befugnisse. Das Epigramm entfaltet eine unmittelbare gesellschaftliche Wirkung.

Das Kunstwerk kann vervielfältigt und verbreitet werden. Das kann die Künstlerin durch Druck oder Vortrag selbst besorgen, das kann aber auch die Öffentlichkeit tun, indem das Werk in ursprünglicher oder veränderter Gestalt verbreitet wird. Cardillac erfährt von den Versen und fühlt sich von der Scuderi verstanden. Er überlässt ihr ein einzigartiges Schmuckstück, das sie jedoch nicht anlegen will. Von ihr erwartet er, dass seine Besessenheit nachlässt. Die Hoffnung erweist sich als falsch.

Eine weitere Wirkung hat das Epigramm auf die Scuderi selbst. Es macht aus der amüsanten Beobachterin eine Beteiligte. Sie wird in das Geschehen hineingezogen. Aus der Betroffenen wird eine Mitwirkende. Sie folgt zu spät der Aufforderung, den Schmuck zu Cardillac zurückzubringen. Olivier Brusson wird des Mordes verdächtigt und verhaftet. Die Scuderi setzt sich für Brusson ein. Sie forscht nach und berät sich mit Juristen. Da der Prozess zu keinem guten Ende führen kann, wendet sie sich unmittelbar an den König. Sie bereitet ihren Auftritt sorgfältig vor. Sie nutzt schwarze Kleidung und den Schmuck Cardillacs sowie die Mittel der Rede. Die Rhetorik verbindet ihre Bitte an den König als oberste Instanz nach dem Prozess mit dem Epigramm. Beide zielen in eine gesellschaftliche Situation hinein und wollen durch Überraschung Wirkung erzielen.

RÜCKWIRKUNG AUF DIE SCUDERI

In beiden Fällen setzt die Scuderi dieselben Möglichkeiten erfolgreich ein; der König fällt eine Entscheidung in ihrem Sinn. Die Rhetorik ist die gemeinsame Grundlage von Dichtung und Gerichtsrede. Sie erzeugt Effekte und zielt auf das Denken von Menschen. Die Scuderi beherrscht die gebotenen Möglichkeiten und setzt sie zielgerichtet und erfolgreich ein.

RHETORIK ALS BASIS FÜR DICHTUNG UND GERICHTSREDE

| 1 SCHNELLÜBERSICHT | 2 E. T. A. HOFFMANN: LEBEN UND WERK | 3 TEXTANALYSE UND -INTERPRETATION |

Aufgabe 2 ***

> Arbeiten Sie Grundzüge der künstlerischen Existenz Cardillacs heraus und ordnen Sie sie geistesgeschichtlich ein.

Mögliche Lösung in knapper Fassung:

EINLEITUNG

In seinen Werken hat E. T. A. Hoffmann immer wieder die Künstlerproblematik behandelt. Anselmus in *Der goldne Topf* und Nathanael in *Der Sandmann* sind Beispiele für gelingende bzw. scheiternde künstlerische Existenzen. In der Erzählung *Das Fräulein von Scuderi* stellt Hoffmann mit der Figur des René Cardillac eine besondere künstlerische Existenz dar.

CARDILLAC ALS HANDWERKER

Cardillac schafft als Handwerker Kunstwerke. Er arbeitet gegenständlich. Der Goldschmied arbeitet mit Gold und Edelsteinen und fügt sie zu einzigartigen Kunstwerken zusammen. Cardillac schafft Unikate. Er ist zu seinem Künstlertum berufen, er ist davon besessen. Er ist von sich überzeugt, mag seine Werke nicht abgeben. Sie sind ein Teil seiner selbst. Der Vorgang des Schaffens ist wichtiger als das fertige Werk.

KÜNSTLER UND GESELLSCHAFT

Das Verhältnis zwischen dem Künstler Cardillac und der Gesellschaft als Auftraggeber und Abnehmer seiner Werke ist problematisch. Die Gesellschaft schätzt seine Werke und toleriert sein aggressives und abweisendes Verhalten als das Betragen eines Sonderlings. Er sucht sich seine Kunden aus und zögert die Auslieferung unter Vorwänden hinaus; für manche Interessenten arbeitet er nicht.

Cardillacs Schmuckstücke werden in den galanten Umgang der Geschlechter einbezogen und entfalten ihre Wirkung im öffentlichen Raum. Sie schmücken und erhöhen die Trägerinnen des Schmucks, drücken die Wertschätzung der Schenkenden für sie aus und unterstreichen die gesellschaftliche Stellung von Schenkenden und Beschenkten.

Cardillac führt ein Doppelleben als ehrsamer Bürger und als Verbrecher. Bei Tag arbeitet er als Handwerker mit seinem Gesellen Olivier Brusson in der Werkstatt, bei Nacht überfällt er die Kavaliere, die mit einem von ihm gefertigten Schmuckstück auf dem Weg zur Geliebten sind, um sich sein Werk zurückzuholen.

DOPPELLEBEN

Von Cardillacs Schmuckstücken geht Unheil aus. Er sieht über sich einen „bösen Stern" walten, weil seine schwangere Mutter, von Begierde nach Juwelen getrieben, der Verführung eines Kavaliers erlag. Cardillac versucht, die Wirkung seines „bösen Sterns" zu mindern, indem er seinen Schmuck der Scuderi opfern will. Aber sie versteht ihn nicht; so nimmt das Unheil seinen Lauf. Am Ende wird er selbst getötet, weil Miossens Verdacht geschöpft und sich gegen einen Überfall gewappnet hat.

„BÖSER STERN"

In Cardillac gestaltet Hoffmann das Künstlertum als einsame, im Gegensatz zur Gesellschaft stehende Existenz. Durch vorgeburtlichen Einfluss ist er ein Besessener und dämonisch Getriebener. Sein gespaltenes Bewusstsein und seine gesellschaftliche Stellung als Außenseiter sind Voraussetzung und Merkmal seines künstlerischen Wesens. Gold und Edelsteine bestimmen sein Schicksal. Sie üben auf ihn eine magische Kraft aus, der er sich nicht entziehen kann.

ZUSAMMENFASSUNG UND EINORDNUNG

Hoffmann teilt das romantische Interesse für Naturgeschichte und Seelenkunde, für Krankheit und Gesundheit, für Tag und Nacht, Alltag und Fantasie. Sie haben in der Darstellung von Cardillacs künstlerischer Existenz ihre Spuren hinterlassen. Die genannten Bereiche sind nach der Romantik in der Psychologie und der Psychoanalyse Freuds thematisiert worden. Die Triebstruktur Cardillacs mit ihrer vorgeburtlichen Motivierung lässt den heutigen Leser daran denken. Auch die unheimliche Atmosphäre der Erzählung hat Freuds Denken angesprochen.

Aufgabe 3 *

> Erarbeiten Sie den erzählerischen Zusammenhang zwischen *Das Fräulein von Scuderi* und den *Serapionsbrüdern*.

Mögliche Lösung in knapper Fassung:

EINLEITUNG

Bei den *Serapionsbrüdern* handelt es sich um eine Sammlung von Erzählungen mit einer Rahmenhandlung. Der Titel des Sammelwerks geht auf die erste Erzählung mit dem Einsiedler Serapion als Hauptfigur zurück. In der Rahmenhandlung werden in einem Freundeskreis unter Bezug auf die mitgeteilten Erzählungen Urteile und Ansichten über Kunst und Leben ausgetauscht.

BEGRIFFSKLÄRUNG „SERAPIONTISCHES PRINZIP"

Die Gespräche arbeiten eine „literarische Tendenz", ein Prinzip heraus, das in den Erzählungen verwirklicht sein soll. Danach muss jede Erzählung Qualitätsstandards genügen: Präzision, Lebendigkeit, Differenziertheit. Die zugrunde liegenden Eindrücke müssen gründlich verarbeitet sein. Auch sollen sich heterogene Elemente zu einem stimmigen Ganzen zusammenfügen. Die alltägliche Wirklichkeit soll poetisiert werden. Märchenhaftes und Sonderbares dringen in den Alltag ein und sind in Form von Humor und Ironie gegenwärtig. Dabei sind Übergänge vom Realen zum Fantastischen, vom Normalen zum Anormalen, vom Gesunden zum Kranken fließend ausgestaltet. Für die Poetisierung der Wirklichkeit bedarf der Dichter der Fantasie und der Fähigkeit, eine eigenständige Wirklichkeit zu entwerfen und starke Gefühle zu vermitteln, die er vorher selbst empfunden hat.

Das Fräulein von Scuderi wurde nachträglich in die Sammlung eingefügt.

Das Gespräch vor der Erzählung des *Fräuleins von Scuderi* weist auf Cardillacs Problem voraus. Es handelt von der Angst, die Dichter bzw. Komponisten erleiden, wenn sie ein Werk auf die Bühne bringen. Sie trennen sich von ihrem Eigentum und sind von anderen Personen abhängig, die es aufführen bzw. beurteilen sollen. Das Gespräch präludiert das Problem Cardillacs, dass er sich nicht von seinen Schmuckstücken trennen kann.

SERAPIONTISCHE MERKMALE IN DER ERZÄHLUNG

Die Erzählung wird daraufhin befragt, ob sie „wahrhaft serapiontisch" ist. Das ist der Fall, weil sie vom Historischen zum Fantastischen führt. Voltaire und Wagenseil werden als Quellen angegeben; sie werden mit fantastischen Elementen zu etwas Neuem zusammengefügt. Hinter der bürgerlichen Fassade des Goldschmieds wirkt der dämonische Trieb des Künstlers. Hinter dem Gesellen Brusson, gegen den alle Indizien sprechen, liegt das Geheimnis seiner Herkunft. Nur die angesehene Dichterin erfährt, was wirklich geschah.

VERARBEITUNG DER GESCHICHTE

Die Personen durchleben heftige Gefühle. Cardillac führt ein Doppelleben und versucht vergeblich, seinem Schicksal zu entkommen. Madelon kämpft um ihr Glück mit Olivier, den seine Zeugenschaft in Schuld stürzt, und die Scuderi sucht Gewissheit über Brussons Unschuld und kämpft dabei gegen Zweifel. Die großen Gefühlsschwankungen erfordern für ihre Vermittlung einen erheblichen Einsatz sprachlicher Mittel.

VERMITTLUNG LEBHAFTER GEFÜHLE

Auf historischem Grund findet ein facettenreiches Geschehen statt. Künstler-, Kriminal- und Rechtsgeschichte bilden ein farbiges Mosaik. Vor dem historischen Hintergrund sind Verweise auf die Entstehungszeit der Erzählung erkennbar. Indizienbeweis und Gesinnungsjustiz werden kritisiert. Hinter der Erzählung wird der Jurist Hoffmann sichtbar.

MOSAIK

| 1 SCHNELLÜBERSICHT | 2 E. T. A. HOFFMANN: LEBEN UND WERK | 3 TEXTANALYSE UND -INTERPRETATION |

ZUSAMMENFASSUNG

Mit der Einbeziehung des *Fräuleins von Scuderi* hat Hoffmann die Frage beantwortet, ob die Erzählung „wahrhaft serapiontisch" sei. Sie füllt den weiten Raum zwischen massenhaft verbreiteter Almanach-Literatur und Hoffmanns künstlerischen Vorstellungen aus, die vor dem Hintergrund biografischer Erfahrungen und des romantischen Zeitgeistes reflektiert sind.

Aufgabe 4 ***

> Vergleichen Sie die Erzählungen *Der Sandmann*, *Der goldne Topf* und *Das Fräulein von Scuderi* von E. T. A. Hoffmann miteinander.

Mögliche Lösung in knapper Fassung:

EINLEITUNG

Für den Vergleich mit dem *Fräulein von Scuderi* wurden die Erzählungen *Der Sandmann* und *Der goldne Topf* ausgewählt. In diesen Erzählungen geht es um die Entwicklung und Gefährdung der künstlerischen Existenz.

KUNST UND KÜNSTLERISCHE EXISTENZ

In den Erzählungen *Der Sandmann* und *Der goldne Topf* geht es um die Entwicklung von jungen Menschen aus bürgerlichem Milieu mit einer künstlerischen Anlage. In ihrer Alltagswirklichkeit wirken auf sie fantastische Kräfte ein und führen zum gegensätzlichen Ergebnis. Anselmus wird nach der Lehrzeit als Kopist und Läuterung in der Flasche als Dichter in die ideale Welt Atlantis berufen, während Nathanael seiner Angst, die durch die kindliche Vorstellung vom Sandmann in ihm ausgelöst wird, nicht mehr Herr wird. Am Ende springt er vom Turm in den Tod, als er Coppelius in der Menge erblickt.

In der Erzählung *Das Fräulein von Scuderi* geht es um den Goldschmied Cardillac, der bei Tag vollendete Kunstwerke schafft; er kann sich aber nicht von ihnen trennen und holt sie sich bei nächtlichen Raubüberfällen zurück. Als Künstler und Bürger führt er ein qualvolles Doppelleben. Er sieht sich unter dem Einfluss eines „bösen Sterns", den er durch ein Juwelenopfer abwenden will. Aber die Scuderi, von der er sich Hilfe erhofft, versteht ihn nicht. Schließlich wird er selbst von einem Kunden getötet, der sich in richtiger Ahnung gegen einen Überfall gewappnet hatte.

Beide Hauptpersonen in den Erzählungen *Der Sandmann* und *Der goldne Topf* entwickeln sich auf unterschiedliche Weise von ihrem bürgerlichen Umfeld fort. Das Bürgertum wird von E. T. A. Hoffmann humorvoll-kritisch charakterisiert. Es bewegt sich sozial und gedanklich in engen Kreisen, ist nur an sich selbst, an Äußerlichkeiten und eigenem Wohlergehen interessiert. Familie und gesellschaftlicher Stand, Titel und Verheiratung, Alkohol und Tabak als Genussmittel sowie die Kunst als Mittel der Selbstdarstellung sind seine Interessen.

BÜRGERTUM

In der Erzählung *Das Fräulein von Scuderi* vertreten Cardillac, seine Tochter Madelon und der Geselle Olivier Brusson das Bürgertum. Sie werden stereotyp als fleißig bzw. engelhaft beschrieben und heiraten am Ende. Ansonsten handelt die Erzählung in der Adelsgesellschaft und am Hof Ludwigs XIV. Der Gegensatz zwischen Adel und Bürgertum liegt der Erzählung zugrunde.

In beiden Erzählungen haben die Figuren eine bürgerliche Existenz, hinter der sich die Zugehörigkeit zur naturmagisch bestimmten Welt verbirgt. Im *goldnen Topf* ist der Archivarius Lindhorst ein Salamander, der unter den Menschen in Verbannung lebt und des poetischen Gemüts eines Jünglings bedarf, um erlöst zu werden. Im *Sandmann* führt Coppelius chemische Experimente durch, die misslingen und Nathanaels Vater töten. Coppelius verschwindet; später tritt Coppola auf. Schon der Name weist ihn als Doppelgänger aus. Doch während Nathanael daran zweifelt, ist sich Anselmus darüber

WIRKENDE KRÄFTE

im Klaren, dass Lindhorst ein Salamander ist. Auch Lindhorst führt als Archivarius und als Salamander ein Doppelleben.

Im *Fräulein von Scuderi* ist es Cardillac als Hauptperson, die den Widerspruch zwischen Künstlertum und Bürgertum in sich austrägt und ihm unterliegt. Der „böse Stern" geht auf ein Ereignis vor seiner Geburt zurück. Seine schwangere Mutter erlag dem Funkeln einer Juwelenkette und den Nachstellungen eines Kavaliers. Daher üben Gold und Edelsteine einen magischen Einfluss auf ihn aus. Darin mag der heutige Leser, der mit der Psychoanalyse Freuds vertraut ist, die Ursache für die Mordanschläge Cardillacs sehen, mit denen er die Schande der Mutter tilgt und sie am Verführer rächt. Für die zeitgenössischen Leser waren Gold und edle Steine noch Hinweis auf alchemistische Versuche.

E. T. A. Hoffmann teilt das romantische Interesse für die Natur als allumfassendes, abgestuftes System. Es reicht von den Mineralien und Pflanzen über Elementargeister und Hexen bis zu Tieren und Menschen. Die Natur unterliegt einem ständigen Wandel. Elemente werden unter Zuführung von Hitze in höherwertige Stoffe verwandelt. Das oberste Ziel ist die Erlangung von Vollkommenheit. Darum bemüht sich auch der Alchemist auf der Suche nach dem Stein der Weisen.

ZUSAMMEN-
FASSUNG

Die Erzählungen *Der Sandmann* und *Der goldne Topf* gehören eng zusammen; die Erzählung *Das Fräulein von Scuderi* ist eigenständig. Sie ist eine mehrfache Erzählung mit weiteren thematischen Schwerpunkten.

LITERATUR

Zitierte Ausgaben:

Hoffmann, E. T. A.: *Das Fräulein von Scuderi. Erzählung aus dem Zeitalter Ludwig des Vierzehnten.* Husum/Nordsee: Hamburger Lesehefte Verlag, 2011 (= Hamburger Leseheft Nr. 57, Heftbearbeitung F. Bruckner und K. Sternelle). Zitatverweise sind mit HL gekennzeichnet.

Hoffmann, E. T. A.: *Das Fräulein von Scuderi. Erzählung aus dem Zeitalter Ludwig des Vierzehnten.* Stuttgart: Reclam, 2002 (= Reclams Universal-Bibliothek Nr. 25). Zitatverweise sind mit R gekennzeichnet.

Gesamtausgaben:

Hoffmann, E. T. A.: *Poetische Werke in sechs Bänden.* Berlin: Aufbau, 1958–1963.

Sekundärliteratur:

Alewyn, Richard: *Ursprung des Detektivromans.* In: Probleme und Gestalten. Essays. Frankfurt am Main: Insel, 1974. S. 351–354.

Bönnighausen, Marion: *E. T. A. Hoffmann, Der Sandmann/Das Fräulein von Scuderi.* München: Oldenbourg, 1999.

Feldges, Brigitte/Stadler, Ulrich: *E. T. A. Hoffmann. Epoche – Werk – Wirkung.* München: Beck, 1986.

Freund, Winfried: *E. T. A. Hoffmann: Das Fräulein von Scuderi.* In: Die deutsche Kriminalnovelle von Schiller bis Hauptmann. Einzelanalysen unter sozialgeschichtlichen und didaktischen Aspekten. Hrsg. von Winfried Freund. Paderborn: Schöningh, 1980, S. 43–53.

Gorski, Gisela: *E. T. A. Hoffmann: Das Fräulein von Scuderi.* Stuttgart: Heinz, 1980.

Grobe, Horst: *Textanalyse und Interpretation zu E. T. A. Hoffmann: Der Sandmann.* Hollfeld: Bange, 2011.
Grobe, Horst: *Erläuterungen zu E. T. A. Hoffmann: Der goldne Topf.* Hollfeld: Bange, 2008.
Himmel, Hellmuth: *Schuld und Sühne der Scuderi. Zu Hoffmanns Novelle.* In: E. T. A. Hoffmann. Hrsg. von Helmut Prang. Darmstadt: Wissenschaftliche Buchgesellschaft, 1976, S. 215–306.
Kaiser, Gerhard R.: *E. T. A. Hoffmann.* Stuttgart: Metzler, 1988.
Kanzog, Klaus: *E. T. A. Hoffmanns Erzählung „Das Fräulein von Scuderi" als Kriminalgeschichte.* In: E. T. A. Hoffmann. Hrsg. von Helmut Prang. Darmstadt: Wissenschaftliche Buchgesellschaft, 1976. S. 307–321.
Lindken, Hans Ulrich: *E. T. A. Hoffmann: Das Fräulein von Scuderi.* Stuttgart: Reclam, 2001 (= Erläuterungen und Dokumente Nr. 8142).
Mangold, Hartmut: *Gerechtigkeit durch Poesie. Rechtliche Konfliktsituationen und ihre literarische Gestaltung bei E. T. A. Hoffmann.* Wiesbaden: Deutscher Universitätsverlag, 1989.
Müller, Helmut: *Untersuchungen zum Problem der Formelhaftigkeit bei E. T. A. Hoffmann.* Bern: Haupt, 1964.
Nehring, Wolfgang: *E. T. A. Hoffmanns Erzählwerk. Ein Modell und seine Varianten.* In: Zeitschrift für deutsche Philologie, 95, 1976, S. 3–24.
Pikulik, Lothar: *Das Verbrechen aus Obsession. E. T. A. Hoffmann: Das Fräulein von Scuderi.* In: Deutsche Novellen. Von der Klassik bis zur Gegenwart. Hrsg. von Winfried Freund. München: Fink, 1993, S. 47–57.
Psaar, Werner: *Ernst Theodor Amadeus Hoffmann: Das Fräulein von Scuderi.* In: Von Fontane bis Walser. Hrsg. von Jakob Lehmann. Königstein/Ts.: Scriptor, 1980.

Thalmann, Marianne: *E. T. A. Hoffmanns Fräulein von Scuderi.* In: Monatshefte für deutschen Unterricht, deutsche Sprache und Literatur 41, 1949, Heft 2, S. 107–116.
Vogt, Jochen (Hrsg): *Der Kriminalroman. Zur Theorie und Geschichte einer Gattung.* München: Fink, 1992.

Verfilmungen:
Mademoiselle Scuderi. 1911.
  Regie: Mario Caserini.
Die tödlichen Träume. 1950.
  Regie: Paul Martin.
Das Fräulein von Scuderi. 1955.
  Regie: Eugen York.
Cardillac. 1968.
  Regie: Edgar Reitz.
Das Fräulein von Scuderi. 1976.
  Regie: Lutz Büscher.

Hörspiele:
Das Fräulein von Scuderi. WDR 1956.
  Regie: Wilhelm Semmelroth.
Das Fräulein von Scuderi. BR 1965.
  Regie: Edmund Steinberger.
Das Fräulein von Scuderi. ORF 1987.
  Regie: Christian Lichtenberg.

STICHWORTVERZEICHNIS

Aufbau 40, 42, 103
auktorialer Erzähler 70, 71, 109
Beamtenlaufbahn 14, 16, 22
Biografie 6, 20, 23
Charakteristiken 46
Demagogenverfolgungen 16, 18, 89, 97
Detektivgeschichte 94
Disziplinarverfahren 13–16, 19, 25
Eltern 14
Epigramm 33, 47, 54, 60, 74, 89, 90, 113, 116, 117
Erzählweise 8, 70, 99
Erzählzeit und erzählte Zeit 71
Fichte, Johann Gottlieb 21
Handlungsstränge 39, 42, 46, 105
Immediatkommission 12, 16, 19, 25, 97
Interpretationszugänge 112
Jena und Auerstedt 16

Künstler 20–23, 50, 60, 93, 94, 101, 113, 114, 116, 118, 121
Karlsbader Beschlüsse 18
Kriminalgeschichte 9, 91–94, 105
Lebensmodi 20, 23
Motive 22
Personenkonstellationen 60
preußische Reformen 14, 16
Quellen 26, 30, 97, 121
Rechtsproblematik 94, 107, 108
Rezeption 99, 101, 114
rhetorische Mittel 8, 83
Romantik 20, 22, 91, 112
Schelling, Friedrich Wilhelm Joseph 21
Schubert, Gotthilf Heinrich 21
sprachliche Mittel 70
Superlative 8, 70, 81, 82
Verdoppelungen 72
Wortwahl 8, 70, 75

EIGENE NOTIZEN

EIGENE NOTIZEN

EIGENE NOTIZEN

EIGENE NOTIZEN